# PLAIDOYER

## DE MAITRE

# ANTOINE ARNAULD.

A moins d'être réellement et de fait prophète, il n'était pas possible de mieux prédire ; car, moins de six mois après, si non un Jésuite, du moins un de leurs disciples, nommé *Jean Châtel*, pensa en effet tuer Henri IV, en lui portant un coup de couteau, qui ne lui perça que la lèvre, et ne lui cassa qu'une dent. Ce fut le 27 décembre 1594. On peut voir fort au long toute l'histoire de son attentat et de son procès, dans les Mémoires de Condé, tome VI, ou Mémoires pour l'histoire de Charles IX, et de Henri IV, troisième partie, pages 154, 168, 179, 207. Dans son franc et véritable discours au Roi sur le rétablissement qui lui est demandé pour les Jésuites, imprimé en 1602, Arnauld prophétisa de même, p. 66, la mort funeste de ce prince, et semblablement en vain, etc.

PARIS, IMPRIMERIE DE GAULTIER-LAGUIONIE,
HÔTEL DES FERMES.

# PLAIDOYER

## DE MAITRE

# ANTOINE ARNAULD,

AVOCAT EN PARLEMENT,

POUR L'UNIVERSITÉ DE PARIS DEMANDERESSE;

## Contre les Jésuites défendeurs,

DES 12 ET 13 JUILLET 1594.

———— ◄◦◦◦► ————

## PARIS,

### AMBROISE DUPONT ET Cie, LIBRAIRES,

RUE VIVIENNE, N. 16.

〰〰〰〰

1827.

# EXTRAIT DU PRIVILÉGE.

Il est permis à Mamert Patisson, imprimeur du Roi, d'imprimer et vendre le plaidoyer de maître Antoine Arnauld, avocat en parlement, pour l'Université de Paris demanderesse, contre les jésuites défendeurs, avec défenses à tous imprimeurs et libraires de l'imprimer, ne vendre, sinon de ceux qu'aura imprimés le dit Patisson, jusqu'après le temps de six ans, sur peine de confiscation et d'amende. Donné à Paris, le 13 août 1594. Signé par le conseil,                                                   GOGUIER.

# PLAIDOYER

## DE MAITRE

## ANTOINE ARNAULD,

### AVOCAT EN PARLEMENT.

MESSIEURS,

Je commencerai cette cause par une protestation toute contraire à celle de nos parties adverses : car au lieu qu'ils firent entendre hier partout que nous plaiderions à huis-clos, par le moyen des menaces qu'ils avaient faites de parler contre plusieurs qui se sont remis en l'obéissance du Roi, et qui exposent chacun jour leur vie aux périls de la guerre pour son service, je proteste, au contraire, de n'offenser, ni de parole, ni d'intention, aucun qui ne soit encore aujourd'hui vrai Espagnol.

La raison de la diversité de ces deux protestations est bien claire : les Jésuites ne peuvent faire un service plus agréable au roi d'Espagne leur maître, que de diffamer en ce lieu ceux qui l'ont tant irrité, que d'avoir remis de si fortes et si importantes villes entre les mains de son plus grand et plus dangereux ennemi. Et au contraire, l'Université de Paris, fille aînée du Roi (pour laquelle je parle), ne peut faire un service plus agréable à Sa Majesté, que d'observer religieusement la loi d'amnistie à laquelle nous devons notre repos présent, et celui de l'avenir.

Il me souvient d'avoir lu que lorsque le mot de la bataille de la Pharsale fut donné d'une part et d'autre, et que les trompettes commencèrent à sonner, quelques-uns des plus gens de bien de Rome, et quelques Grecs qui se trouvèrent sur les lieux, hors toutefois des batailles, voyant les choses si près du péril, se mirent à considérer en eux-mêmes à quel point les forces de l'empire romain étaient réduites. Car c'étaient mêmes armes, ordonnances de batailles toutes semblables, enseignes communes et du tout pareilles, la fleur de tous les vaillants hommes d'une même cité, et une grande puissance qui s'allait détruire elle-même : donnant un notable exemple combien la nature de l'homme est aveuglée, furieuse et forcenée, depuis qu'elle se laisse transporter à quelque passion violente. Car s'ils eussent voulu régir et gouverner ce qu'ils avaient

tout acquis, la plus grande et la meilleure partie
de la terre et de la mer était en leur obéissance.

De même, quiconque, voyant clair en nos affaires, viendra à considérer à quel point de grandeur, de félicité, de gloire, de richesses et de
puissance fût maintenant montée la couronne
française, sans nos guerres plus que civiles ; et
que la fleur de tant de vaillants hommes (qui
sans nos émotions pourraient encore vivre) serait
plus que suffisante pour aller assaillir notre vieil
ennemi jusque dans Madrid, et lui mettre en
compromis ses délices et son Escurial, principalement sous les auspices d'un si grand et excellent
conducteur d'armes, auquel son Navarre, l'Ar-
ragon, et le Portugal tendent les bras, pour être
délivrés de cette horrible tyrannie castillane. Quiconque, dis-je, considérera ces choses, ne pourra
s'empêcher qu'il n'entre en une juste colère, en
une extrême indignation à l'encontre de ceux qui
ont été envoyés parmi nous, pour attiser et allumer continuellement ce grand feu, dans lequel
cette monarchie a quasi été consumée.

Que ces gens-ci ne soient les Jésuites, nul ne
le révoque en doute, sinon deux sortes de personnes : les uns qui sont d'un naturel si timide,
qu'ils pensent encore être entre les mains des
seize voleurs et des Jésuites leur conseil : et les
autres qui sont de leur confrérie et congrégation ,

et qui ont fait secrètement les plus dangereux de leurs vœux, comme toute une ville peut être Jésuite, comme celle de Lyon.

Mais ceux-ci ne parlent que d'une voix basse. Et au contraire on voit un consentement grand et universel de tous les gens de bien, tant de ceux qui sont sortis de cette ville pendant les guerres, que de ceux qui y sont demeurés, et qui d'une si grande ardeur et d'un si grand courage ont ouvert les portes de la capitale à leur Roi. (*Nos enim omnes eadem metuere, eadem cupere, eadem odisse nunc oportet.*) On voit, dis-je, une si grande affection de toutes les ames vraiment françaises, vraiment désireuses de la grandeur et augmentation de cette couronne, qui déjà d'une espérance fondée sur une assurance infaillible de votre justice et de votre dévotion au service de Sa Majesté, chassent tous ces tueurs de rois, ces confesseurs et exhortateurs de tels parricides : les chassent, dis-je, hors de la France et tout ce qui obéit aux fleurs de lys, ennemies jurées de tels monstres, qui leur ont arraché l'un de ses plus chers enfants, et se sont vus à la veille d'entendre de pareilles nouvelles du Roi régnant, par eux jà meurdry d'aide, de conseil et de désir brûlant, et ce jour-là de renverser du tout par terre et briser en mille pièces la colonne, sur laquelle ce sceptre est appuyé, qu'ils ébranlent il y a si long-

temps : qu'ils ébranlent, dis-je, à la vue de tous
les gens d'entendement, qui l'ont prédit en ce
grand oracle de la France, non point à huis-clos,
mais les portes toutes ouvertes, et avec une af-
fluence de peuple, semblable à celle qui est dans
cette grande salle, désirant d'entrer céans : qui
l'ont, dis-je, prédit, non point ambigüement et
en gros, mais clairement, et avec toutes les cir-
constances que nous avons vues : annonçant toutes les misères que nous avons senties, et les ca-
lamités qui nous ont mis à deux doigts près de
notre ruine : mais leurs prévoyances, leurs avertissements, leurs protestations, ont été aussi inutiles que véritables : vraies Cassandres,

« Ora, Dei jussu, non unquam credita Teucris. »

Pourquoi cela? d'où est venue une si grande léthar-
gie, et qu'on n'a point remédié à des maux si bien
prévus? La cause en est bien claire : l'or d'Espagne s'était coulé dans les bourses des plus favorisés, qui ont continuellement soutenu et élevé
ces trompettes de guerre, ces flambeaux de sédition, ces vents turbulents, qui n'ont autre travail
que d'orager et tempêter continuellement le calme
de la France.

De ceux qui ont rejeté cet or avec intégrité,
la plupart néanmoins ont eu le cœur failli : le
front leur a blémi, la main leur a tremblé, quand

il a fallu frapper ce grand coup pour la liberté
des Gaules, et pour l'extermination de ces traîtres qu'on nous a envoyés ici par troupes.

Peu se sont rencontrés qui aient joint le courage, la force et la résolution à la prud'homie :
et de ceux-ci, on a incontinent trouvé moyen
de se défaire, on leur a ôté tout crédit et toute
autorité : mais à la fin *venit lustris labentibus ætas,*
qu'il est permis non-seulement sans crainte ( et
qu'on ne nous en pense point faire, *jamdiu e
Gallia fugissemus, si nos fabulæ istæ debellassent*)
qu'il est permis, dis-je, avec honneur et avec
gloire de parler contre ces mauvais échansons,
qui ont versé au peuple le breuvage de rébellion,
et l'ont nourri d'un pain très-dangereux, en ai-
grissant la pâte de la France du levain espagnol.

Ne pensez point, espions de Castille, rompre ce
coup de l'ardeur française, et nous remettre *ad
moras judiciorum longas nimium, et pro nocentibus
compositas,* comme vous fîtes en l'année 64. Lors
on ne parlait de vos actions qu'en devinant : et
pour un homme qui appréhende l'avenir, il s'en
trouve toujours dix qui n'y pensent pas : mais
maintenant qui est celui qui en son corps ou en
ses biens, en la perte de ses parents ou de ses
amis, n'a senti les effets effroyables de votre conjuration, et les exécutions violentes des commandements que vous faisiez à la populace en la chaire

dédiée à la vérité, et à la piété : laquelle vous avez remplie de feu, de sang, et de blasphêmes horribles, faisant croire au peuple que Dieu était le massacreur des rois, et attribuant au ciel le coup d'un couteau forgé dans l'enfer ?

Henri III, mon grand prince, qui as ce contentement dans le ciel de voir ton légitime et généreux successeur, ayant passé sur le ventre de tous tes ennemis, régner tantôt paisible en ta maison du Louvre ; et maintenant sur la frontière, rompre, dissiper et tourner en fuite (mille fois plus honteuse que la perte de dix batailles) les armées espagnoles, et foudroyer de tes canons les dernières villes rebelles, accompagné de six mille gentilshommes qui bouillent d'impatience de continuer la glorieuse vengeance de ta mort, assiste-moi en cette cause, et me représentant continuellement devant les yeux ta chemise toute sanglante, donne-moi la force et la vigueur de faire sentir à tous tes sujets la douleur, la haine, et l'indignation qu'ils doivent porter à ces Jésuites, qui, par leurs confessions sanglantes, par leurs sermons enragés, par leurs conseils secrets avec l'ambassadeur de ton ennemi, empoisonneur de ton frère unique, ont causé toutes les misères que ton pauvre peuple a endurées, et la fin de ta propre vie.

Messieurs, Charles-le-Quint, et Philippe son

fils se voyant remplis de l'or des Indes, non encore épuisées, n'ont point embrassé de moindres
espérances que de se rendre monarques et em-
pereurs de l'Occident, et élever en pareille grandeur la maison d'Autriche en Europe, qui est
celle des Ottomans en Asie.

Ces grands hommes d'état n'ont point ignoré
combien les scrupules de conscience avaient de
force sur les esprits, et combien ils pénètrent
profondément et sans cesse dans la poitrine des
hommes.

L'acquisition de la plus grande partie de la
cour de Rome leur a été facile par le moyen de
leurs pensions, et des opulents bénéfices de Mi-
lan, Naples, Sicile, outre ceux d'Espagne de valeur immense.

Mais d'autant que ce qui est en cette grande
ville est pesant et sédentaire, on a eu besoin
d'hommes légers et remuants disposés en tous
lieux, pour exécuter ce qui serait du bien et de
l'avancement des affaires d'Espagne. Ceux-ci sont
les Jésuites qui se sont répandus de tous côtés en
nombre épouvantable : car ils sont de neuf à dix
mille, et ont déjà établi deux cent vingt-huit colonies espagnoles, possèdent plus de deux millions d'or de revenu, sont seigneurs de comtés
et grandes baronnies en Espagne et en Italie, et
déjà parvenus au cardinalat, près d'être faits

papes : et s'ils duraient encore trente ans en tous les endroits où ils sont maintenant, ce serait sans doute la plus riche et puissante compagnie de la chrétienté, et soudoyerait des armées, comme déjà ils y contribuent.

Leur principal vœu est d'obéir *per omnia et in omnibus* à leur général et supérieur, qui est toujours Espagnol, et choisi par le roi d'Espagne. L'expérience le montre trop clairement : LOYOLA, leur premier général, était Espagnol : LAYNES le second aussi Espagnol : le troisième, ÉVÉRARDUS, était Flamand sujet d'Espagne : BORGIA quatrième était Espagnol : AQUA VIVA le cinquième, et qui l'est aujourd'hui, est Napolitain sujet d'Espagne. Les mots de ce quatrième vœu sont étranges, voire horribles : car ils vont jusque-là, *In illo Christum velut præsentem agnoscant.* Si Jésus-Christ commandait d'aller tuer, il le faudrait faire : si donc leur général espagnol commande d'aller tuer ou faire tuer le Roi de France, il le faut nécessairement faire. Leur histoire composée par Pierre Ribadénaire Jésuite, imprimée à Anvers en l'année 1587, sous titre *De vita Ignatii,* montre que leur institution n'a autre but que l'avancement des affaires d'Espagne, où ils ont été reçus long-temps auparavant qu'en aucun autre lieu du monde. Voici les mots de la page 146 : *Nam hæc societas nondum nata in autore*

*suo Ignatio, primum probata est in Hispania,
deinde jam edita in lucem, in Italia, Galliaque gra-
viter oppugnata.* Aussi ne sont-ils à rien plus étroi-
tement obligés qu'à prier Dieu nuit et jour pour
la prospérité des armes et pour les victoires et
triomphes du roi d'Espagne. Voici les mots de la
page 169 : *Dies noctesque Deum nostris placare
atque fatigare precibus debemus, ut Philippum
regem catholicum incolumem felicissimumque quam
diutissime tueatur : qui pro sua avita atque eximia
pietate, summa prudentia, incredibili vigilantia,*
MAXIMA INTER OMNES QUI UNQUAM FUERUNT REGES
POTENTIA *se murum pro domo Dei opponit, et ca-
tholicam fidem defendit. Quod quidem præstat non
solum* ARMIS INVICTIS *et consiliis salutaribus, sed
etiam iis sacrorum patrum excubiis, qui fidei ca-
tholicæ senatui præsunt.* Tellement qu'il ne faut
pas trouver étrange si tant de personnes d'honneur assurent les avoir ouï prier *pro rege nostro
Philippo.* Car il n'y a Jésuite au monde qui ne
fasse une fois le jour la même prière ; mais selon
que les affaires d'Espagne se portent, au lieu où
ils se trouvent, ils font leurs vœux pour lui, en
public ou en secret.

Et tout au contraire, il est notoire à un chacun
qu'ils ne prient Dieu en façon quelconque pour
notre Roi, auquel aussi ils n'ont serment de fidélité : duquel d'ailleurs ils ne sont capables, comme

n'étant leur corps approuvé en France, et étant vassaux liges, et en tout et partout obligés tant à leur général qu'au pape. Ce qui découvre clairement leur conjuration, et montre que leur vœu va à la subversion de l'état. Car depuis tantôt seize cents ans que la religion chrétienne a été arrosée du sang du fils de Dieu, et de ses martyrs, on n'a point ouï parler de secte qui ait fait de semblables et si étranges vœux.

Tant s'en faut que les ecclésiastiques de France s'en soient jamais contaminés, qu'au contraire toutes les fois que les papes se sont engagés injustement avec les ennemis de cette couronne, et ont voulu employer l'autorité et la puissance qu'ils ont de Dieu pour l'édification, l'employer, dis-je, à la destruction du plus florissant état de la chrétienté, et auquel ils doivent leur temporel, ils ont trouvé de grands et saints personnages, qui d'un commun consentement de l'église gallicane ont résisté vertueusement à telles entreprises.

Mais cette dernière fois, une partie des gens d'église se sont trouvés avoir sucé ce lait empoisonné, et cette doctrine de Jésuites, que quiconque avait été élu pape, encore que de tout temps il fût reconnu pour pensionnaire et partisan d'Espagne, et ennemi juré de la France, il pouvait néanmoins mettre tout le royaume en proie, et délier les sujets de l'obéissance qu'ils doivent à leur prince.

Cette proposition schismatique, damnable, et directement contraire à la parole de Dieu, qui a séparé de tout le ciel et de toute la terre la puissance spirituelle d'avec les terriennes : cette proposition, qui rendrait la religion chrétienne aussi contraire à la manutention des états et royaumes, comme en sa vérité elle aide à les établir : cette proposition, dis-je, ayant pris place dans les esprits de quelques Français, a apporté les fureurs, les cruautés, les meurtres et confusions horribles que nous avons vus.

En l'an 1561, Jean Tanquerel, bachelier en théologie, fut condamné à faire amende honorable, pour avoir osé mettre en ses thèses que le pape pouvait excommunier les rois. En janvier 1589, lorsqu'on proposa en la Sorbonne si on pourrait délier les sujets de l'obéissance du Roi, Faber syndic, le Camus, Chabot, Faber, curé de Saint-Paul, Chavagnac et les plus anciens y résistèrent vertueusement ; mais le grand nombre des écoliers des Jésuites, Boucher, Pichenat, Varadier, Semelle, Cueilly, Decret, Aubourg, et infinis autres l'emportèrent à la pluralité de voix, contre toutes les maximes de France et libertés de l'Église gallicane, que les Jésuites appellent abus et corruptèles ; et voilà les beaux fruits de leurs leçons en théologie.

Les rois de France sont les fils aînés de l'Église, fils qui ont bien mérité ce qui se peut., repoussant et réprimant l'audace des rois de Castille et d'Aragon, et d'autres qui ont voulu entreprendre sur ses droits. Lorsque le pape reconnaîtra le Roi pour son fils aîné, et premier roi de la chrétienté, les Français le reconnaîtront pour père saint : mais tant que vitric et non père, partisan et non médiateur, d'un courage ennemi, il s'efforcera de démembrer la France pour y commander absolument, et de mettre sous ses pieds les fleurs de lis, ou de les attacher en trophée aux armes d'Espagne tant diversifiées,

« Littora littoribus contraria, fluctibus undas
« Imprecor, arma armis : pugnent ipsique nepotes. »

Ainsi ont vécu nos pères. Du temps de Louis-le-Débonnaire, Grégoire IV voulut se mêler de venir excommunier le roi ; l'Église gallicane lui manda qu'il s'en retournerait lui - même excommunié ; le même advint du temps de Charles-le-Chauve contre le pape Adrien.

Brave et invincible Église gallicane, tu étais alors remplie de courages vraiment français, vraiment chrétiens, vraiment religieux, qui avaient le principal vœu d'obéir *per omnia et in omnibus* aux commandements de Dieu toujours justes, et non pas à toutes les insolences et en-

treprises que pourrait faire Rome ou l'Espagne sur les Gaules : mais depuis que tes ennemis conjurés ensemble contre ta grandeur t'ont envoyé ces nouvelles colonies de Castillans, ces couvents d'assassins obligés par vœu solennel d'obéir à leur général espagnol comme à Jésus-Christ descendu en terre, et d'aller assassiner les rois et les princes, ou les faire tuer par d'autres, auxquels ils transmettent leur rage : depuis ce temps-là, dis-je, où sont ces belles résolutions de l'Église gallicane ?

Comme il se lit de quelques enfants jumeaux, que la mort de l'un fut la fin de l'autre, de même cette loi, de ne se pouvoir départir de l'obéissance due au Roi, quelque excommunication qui vienne de Rome, cette loi, dis-je, est tellement jointe à l'état, et l'état avec elle, que tout ainsi que le jour de leur origine est un, ainsi sera leur fin. C'est cette obéissance entière, parfaite, absolue, qui gagne les batailles, qui dissipe les ennemis, qui avance le mérite et couronne le labeur, sans laquelle rien ne fleurit, rien ne se peut affermir : c'est le vrai lien, l'ornement et la force de toutes choses :

« Nec regna socium ferre, nec tædæ sciunt.
« Si duo soles sint, omnia incendio peribunt. »

Aussi, encore que les primats, archevêques et

évêques aient la principale charge de la religion
en France , si est-ce qu'il faut devant toutes choses qu'ils fassent le serment de fidélité au Roi ,
tant s'en faut qu'ils aient un vœu contraire d'o-
béir absolument au pape.

Saint Louis s'opposa courageusement et avec
âpreté aux bulles de Rome , comme il se voit par
sa pragmatique. On ne se fût pas mal vengé à
Rome, si on eût pu éteindre toute la race de ce
bon et valeureux roi : à quoi principalement a
travaillé le cardinal de Plaisance (envoyé en France
sous le titre de légat) qui a employé toutes ses
facultés, toutes ses puissances et toutes ses forces
pour subvertir la loi Salique, vrai Palladion de la
France , et sans laquelle jamais, jamais, les fleurs
de lis ne fussent montées en ce haut degré d'honneur et de gloire , qui les fait encore aujourd'hui
reluire malgré toutes les pratiques, toutes les
trahisons, toutes les menées d'Espagne, par-des-
sus tout ce qu'il y a de plus superbe et de plus
orgueilleux au monde.

Poursuivons de voir comment peuvent demeurer en France ceux qui ont ce quatrième et principal vœu d'obéissance absolue, *per omnia et in
omnibus* à leur général espagnol, et au pape, com-
mandé, et continuellement menacé par le roi
Philippe qui lui tient le pied sur la gorge, par le
moyen de Naples et de Sicile, et de ses partisans

dans Rome même : au pape, dis-je, qui soutient au chapitre *ad apostolicæ, de sentent. et re jud. in* 6, et en l'extravagant *Commun. unam sanctam de majoritate et obedient. subesse Romano pontifici, omni humanæ creaturæ omnino esse de necessitate salutis.*

Et afin qu'il ne semble que cela se puisse sauver par la distinction du temporel et du spirituel, voici comme nommément et expressément il se déclare chef, supérieur et maître absolu et en spirituel et en temporel de tous les rois et princes de la terre, soutenant qu'il a puissance de les juger et de destituer. *Uterque ergo est in potestate ecclesiæ, spiritualis scilicet gladius et materialis : sed is quidem pro ecclesia, ille vero ab ecclesia exercendus : ille sacerdotis, is manu regum et militum, sed ad nutum et patientiam sacerdotis : oportet autem gladium esse sub gladio,* ET TEMPORALEM AUTORITATEM SPIRITUALI SUBJICI POTESTATI. *Nam veritate testante,* SPIRITUALIS POTESTAS TERRENAM POTESTATEM INSTITUERE HABET ET JUDICARE, SI BONA NON FUERIT. *Sic de ecclesia et ecclesiastica potestate verificatur vaticinium hieremiæ,* ECCE CONSTITUI TE HODIE SUPER GENTES ET REGNA, *et cætera quæ sequuntur. Ergo si deviat terrena potestas, indicabitur a potestate spirituali : sed et si deviat spiritualis, minor a suo superiori : si vero suprema, a solo Deo, non ab homine poterit judicari : testante apostolo, spiritualis homo judicat omnia, ipse autem a nemine judicatur.*

Si ces propositions ne sont erronées et schismatiques, que s'en suit-il sinon que nous tous qui obéissons au Roi sommes excommuniés, que la France est tout en interdiction, est maudite, et la proie de Satan ? Mais comment est-ce que nos ancêtres, *quorum virtus etiam hodie vitia nostra sustentat*, se sont comportés en tels accidents et en telles rencontres ? Philippe-le-Bel manda à Boniface huitième qu'il n'avait puissance quelconque sur les rois de France, et que ceux qui disaient le contraire étaient des sots et des acariâtres. Lisez Bélarmini, écoutez tous les sermons, toutes les confessions des Jésuites, ils mettent au profond de l'enfer telles propositions avec le roi Philippele-Bel, et tous ceux qui brûlèrent publiquement en l'assemblée des états de cette ville de Paris la bulle de Boniface, déclarant le siége de Rome vacant. Ce Bélarmini Jésuite soutient que les papes ont puissance de destituer les rois et princes de la terre, alléguant pour raison des attentats et entreprises tyranniques.

Le pape Benoît treizième voulut imiter Boniface; mais sa bulle contenant un libelle diffamatoire contre l'autorité du roi Charles sixième fut publiquement lacérée, et ceux qui l'avaient portée firent amende honorable, et furent menés dans des tombereaux.

Louis XII, surnommé Père du peuple, a été autant haï à Rome, comme aimé en France; il avait donné à Jules second plusieurs villes d'Italie; pour reconnaissance, Jules suscita contre lui les Espagnols, Allemands, Suisses et Anglais: mais l'an 1510, le roi fit assembler un concile à Tours, où il fut arrêté qu'il le fallait châtier par armes, ce qui fut confirmé par un autre tenu à Pise. A cause de quoi le pape entreprit d'excommunier le roi et le royaume, donnant absolution de tous péchés à ceux qui auraient tué un Français : *Aliis igitur fines adjicitis, alios agris multatis, aliis vectigal imponitis, regna augetis, minuitis, donatis, adimitis.* Qui est-ce qui vous a donné cette puissance? Car quant à Dieu, il vous a dit que votre règne n'était pas de ce monde.

Cette grande excommunication ne put faire brèche à la France, mais elle porta coup sur le royaume de Navarre, qui nous était allié, où les sujets n'étaient si affermis contre telles entreprises : et s'empara Ferdinand roi d'Aragon de la meilleure partie de l'état de Navarre, pendant que Jean d'Albret, bisaïeul du roi régnant, était en l'armée française :

« Exoriare aliquis nostris ex ossibus ultor. »

Et en cet endroit je suis contraint de dire un mot de l'origine des Jésuites, mais, fort brièvement, parce que ma cause m'appelle ailleurs.

L'an 1521, les Français voulurent rendre l'héritage à celui qui l'avait perdu à leur occasion : ils assiégèrent Pampelune, et la battirent si furieusement qu'ils l'emportèrent. Ignace Loyola, commandant à l'une des compagnies de la garnison castillane, opiniâtra le plus la défense, et y eut les jambes rompues. Cela le tira de son métier de la guerre; mais ayant voué une haine irréconciliable contre les Français, non moindre que celle d'Annibal contre les Romains, avec l'aide du malin esprit, il couva cette maudite conjuration de Jésuites, qui a causé tant et tant de ruine à la France.

La nature provide a rendu les animaux farouches et meurtriers peu féconds : la lionne n'en porte qu'un, et une fois en la vie; s'ils étaient aussi fertiles comme les autres, le monde ne se pourrait habiter. Mais c'est une chose étrange comment cette méchante race, engendrée à la ruine et désolation des hommes, a foisonné en peu d'années, ayant de soixante, qu'ils devaient être par leur première institution, multiplié à dix mille : tellement que s'ils continuaient de croître en même proportion, ils seraient dans trente ans plus de douze cent mille, et feraient des royaumes tout Jésuites.

Ils ne sont pas venus en France à enseignes déployées; ils eussent été aussitôt étouffés que nés;

mais ils sont venus se loger en notre université en
petites chambrettes, où ayant long-temps renardé
et épié, ils ont eu des adresses de Rome, et des
lettres de recommandation très-étroites à ceux
qui étaient grands et favorisés en France, et qui
voulaient avoir crédit et honneur dans Rome ( et
telles sortes de gens ont toujours été fort à craindre pour les affaires de ce royaume). Par ce moyen
donc s'étant peu à peu insinués, et ayant enfin eu
pour présidents et juges leurs mécénas cardinaux
de Tournon et de Lorraine, ils firent signer à deux,
sans ouïr l'université, un avis à Poissi, que leur
collége (réprouvé plusieurs fois auparavant) serait
reçu et leur religion chassée, et qu'ils quitteraient
leur nom.

Ils ne voulaient que cette entrée, s'assurant
que petit à petit, *et sensim sine sensu* ils feraient
un si grand nombre d'ames jésuites par leurs confessions, leurs sermons et instructions de la jeunesse, qu'à la fin non-seulement ils auraient tout
ce qu'ils désiraient, mais ruineraient leurs adver-
saires et commanderaient superbement à l'État.
Ce qu'ils ont exécuté au vœu d'un chacun depuis
le jour des Barricades, jusqu'à l'heureuse réduction de cette ville de Paris en l'obéissance de Sa
Majesté.

Quelle langue, quelle voix pourrait suffire, pour
exprimer les conseils secrets, les conjurations

plus horribles que celles des bacchanales, plus
dangereuses que celles de Catilina, qui ont été te-
nues dans leur collège, rue Saint-Jacques, et dans
leur église rue Saint-Antoine? Où est-ce que les
ambassadeurs et agents d'Espagne Mandosse, Da-
guillon, Diego Divarra, Taxis, Feria et autres,
ont fait leurs assemblées les plus secrètes, sinon
dans les Jésuites? Où est-ce que Louchard, Ame-
line, Crucé, Cromé et semblables renommés voleurs et meurtriers ont bâti leurs conjurations,
sinon dans les Jésuites? Qui fit cette réponse sanglante contre l'apologie catholique sinon les Jésuites, qui employèrent toutes leurs études pour
dire contre la personne et les droits de Sa Majesté
régnante ce qui se peut excogiter de faux et de
calomnieux au monde. Qui sont ceux qui dès
l'an 1585 ne voulaient point bailler absolution aux
gentilshommes ' s'ils ne promettaient de se liguer
contre leur roi très-catholique, et auquel ils ne
pouvaient rien objecter, sinon qu'il ne s'était pas
laissé mourir sitôt que leurs magiciens avaient
prédit? Qui fit perdre Périgueux, sinon les Jésuites
qui allèrent faire une sédition jusque dans l'Hôtel-
de-Ville? Qui causa la révolte de Rennes, laquelle
ne dura que huit jours, et qui importait de toute
la Bretagne, sinon les sermons des Jésuites, ainsi
qu'eux-mêmes le firent imprimer en cette ville?
Qui a fait perdre Agen, Toulouse, Verdun, et gé-

néralement toutes les villes où ils ont pris pied,
Bordeaux excepté, où ils furent prévenus : et Nevers, où la présence de monsieur de Nevers, et
la faiblesse des murailles fit perdre le courage à
ceux qu'ils avaient envenimés.

Où est-ce que ces deux cardinaux qui se disaient légats en France assemblaient leurs conseils sinon dans les Jésuites? Où est-ce que l'ambassadeur d'Espagne Mandosse, le jour de la Tous-
saint 1589, le roi ayant forcé les faubourgs, alla
tenir le conseil des Seize, sinon dans le collége
des Jésuites? Où est-ce que l'année suivante la
résolution fut prise de faire plutôt mourir de fa-
mine les neuf dixièmes parties des habitants de Paris, que de rendre la ville au Roi? Qui est-ce qui
prêta du vin, des blés, et des avoines sous le gage
des bagues de la Couronne, sinon les Jésuites, qui
en furent encore trouvés saisis par Lugoly, le len-
demain que le Roi fut entré en cette ville? Qui a
présidé au conseil des seize voleurs, sinon Comolet,
Bernard et père Odo Pichenat, le plus cruel tigre
qui fût dans Paris, et qui reçut un tel crève-cœur
de voir les affaires aller autrement qu'il ne s'était
promis, qu'il en est devenu enragé, et est encore
aujourd'hui lié dans leur collége de Bourges? Un
ancien disait que si on pouvait regarder dans les
esprits des méchants, on y verrait *laniatus et ictus,*
*quando ut corpora vulneribus, ita sævitia, libidine*
*et malis consiliis animus dilaceratur.*

Lorsque le roi Philippe, ayant fait entrer, par les persuasions des Jésuites, sa garnison espagnole dans Paris, voulut avoir un titre coloré de ce qu'il tenait déjà par force, qui y envoya-t-il, sinon père Matthieu, Jésuite, portant un nom semblable au surnom de l'autre Matthieu, Jésuite, principal instrument de la ligue en l'année 1585? Ce Matthieu, en peu de jours qu'il demeura en cette ville logé dans le collége des Jésuites, y fit écrire et signer la lettre par laquelle ceux qui se disaient les gens tenant le conseil des seize quartiers de la ville de Paris, donnaient non-seulement la ville, mais tout le royaume au roi Philippe. Ce qui se connaîtra mieux par la lecture de la lettre, que tout autre discours.

« SIRE, votre catholique majesté nous ayant été
« tant bénigne que de nous avoir fait entendre
« par le très-religieux et révérend père Matthieu,
« non-seulement ses saintes intentions au bien
« général de la religion, mais particulièrement
« ses bonnes affections et faveurs envers cette
« cité de Paris. Et après, nous espérons en Dieu
« qu'en bref les armes de sa sainteté et de votre
« catholique majesté jointes, nous délivreront
« des oppressions de notre ennemi, lequel nous
« a jusqu'à présent, et depuis un an et demi,
« bloqués de toutes parts, sans que rien puisse

« entrer en cette cité qu'avec hasard, ou par la
« force des armes : et s'efforcerait de passer ou-
« tre, s'il ne redoutait les garnisons qu'il a plu à
« votre catholique majesté nous ordonner. Nous
« pouvons certainement assurer à votre catho-
« lique majesté que les vœux et souhaits de tous
« les catholiques sont DE VOIR VOTRE CATHOLIQUE
« MAJESTÉ TENIR LE SCEPTRE DE CETTE COURONNE ET
« RÉGNER SUR NOUS, comme nous nous jetons
« très-volontiers entre ses bras, ainsi que de notre
« père, ou bien qu'elle y en établisse quelqu'un
« de sa postérité : que si elle nous en veut don-
« ner un autre qu'elle-même, il lui soit agréa
« ble qu'elle se choisisse un gendre, lequel avec
« toutes les meilleures affections, toute la dévo-
« tion et obéissance que peut apporter un bon
« et fidèle peuple, nous recevrons roi. Car nous
« espérons tant de la bénédiction de Dieu sur
« cette alliance, que ce que jadis nous avons reçu
« de cette très-grande et très-chrétienne prin-
« cesse Blanche de Castille, mère de notre très-
« chrétien et très-religieux roi saint Louis; nous
« le recevrons, voire au double, de cette grande
« et vertueuse princesse, fille de votre catholique
« majesté, laquelle par ses rares vertus arrête tous
« yeux à son objet : y replandissant le sang de
« France et d'Espagne, pour en alliance perpé-
« tuelle fraterniser ces deux grandes monarchies.

« sous leur règne, à l'avancement de la gloire de
« notre seigneur Jésus-Christ, splendeur de son
« Église, et union de tous les habitants de la terre
« sous les enseignes du christianisme : comme
« votre catholique majesté, avec tant de signalées
« et triomphantes victoires, sous la faveur divine,
« et par ses armes a fait de très-grands progrès
« et avancements, lesquels nous supplions Dieu,
« qui est le seigneur des batailles, continuer
« avec tel accomplissement, que l'œuvre en soit
« bientôt accompli : et pour ce faire prolonger à
« votre catholique majesté en parfaite santé la
« vie très-heureuse, comblée de victoires et
« triomphes de tous ses ennemis. De Paris ce 2
« novembre 1591. *Et plus bas à côté*, le revérend
« père Matthieu présent porteur, lequel nous a
« beaucoup édifiés, bien instruit de nos affaires,
« suppléera au défaut de nos lettres envers votre
« catholique majesté, laquelle nous supplions
« bien humblement ajouter foi à ce qu'il lui en
« rapportera. »

La date de cette lettre est infiniment considé-
rable, car elle est du second novembre 1591, et
treize jours après ceux qui l'avaient écrite, et
qui avaient entendu, par père Matthieu, les intentions du roi Philippe, ceux, dis-je, qui ne
bougeaient des Jésuites, et qui n'allaient en con-

fession nulle part ailleurs, exécutèrent cette
grande et horrible cruauté, bourrelant à l'espagnole, et sans forme ni figure de procès, celui,
lequel, comme le chef de leur justice, ils révé-
raient le jour auparavant : se promettant les Espagnols, Jésuites, et seize voleurs, ou plutôt
seize bourreaux et leurs adhérents, que ce spec-
tacle tragique et hideux qu'ils présentaient au
peuple en pleine Grève, l'animerait et enflamme-
rait à se baigner dans le sang de tous les gens
de bien qui ne pouvaient goûter la tyrannie espagnole. Mais Dieu, qui a en horreur telles et si
exécrables entreprises, en ordonna autrement,
et fit que ce jour effroyable qu'ils pensaient être
l'établissement assuré du commandement espagnol dans Paris, en fut la ruine, *tunc Troja capta
est*. Les plus endormis et assoupis commencèrent
à se réveiller : les plus timides à changer leur
crainte en désespoir : et les plus ensorcelés par
les sermons des Jésuites, à connaître que l'empire castillan, qu'on leur avait dépeint rempli de
douceur, d'heur et de félicité, était le comble de
ce qui est de plus cruel et de plus redoutable au
monde.

Cette lettre écrite au roi d'Espagne, surprise
près de Lyon par le sieur de Chaseron, et envoyée
au Roi, de laquelle l'original fut vu, et se voit encore chacun jour, fit clairement connaître que le

but que les Jésuites, et autres traîtres à la France
s'étaient proposé durant toutes ces guerres, était
de faire le roi d'Espagne monarque de toute la
chrétienté. Le commun proverbe de ces hypocrites est, UN DIEU, UN PAPE ET UN ROI DE LA CHRÉ-
TIENTÉ, le grand roi catholique et universel.
Toutes leurs pensées, tous leurs desseins, toutes
leurs actions, tous leurs sermons, toutes leurs
confessions n'ont autre visce que d'assujétir
toute l'Europe à la domination espagnole. Et
d'autant qu'ils ne voient aucune plus forte di-
gue que l'empire français qui empêche cette
grande inondation, ils ne travaillent à rien autre
chose qu'à le dissiper, démembrer, et perdre par
toutes sortes de séditions, divisions et guerres
civiles qu'ils y allument continuellement, s'effor-
çant surtout d'éteindre la maison royale, qu'ils
voient réduite à peu de princes. Et de fait, qui
est-ce qui, pour rendre exécrable et abominable
à tous les Français la race de monsieur le prince
de Condé Louis de Bourbon, en laquelle consiste
la plus grande partie de messieurs les princes
du sang, a publié entre nous qu'il se fût fait cou-
ronner roi de France, sinon les Jésuites, qui ont
été si impudents et si effrontés, en une chose notoirement fausse, que d'écrire en la vie d'Ignace,
page 162, « Que monsieur le prince avait fait battre
de la monnaie d'or, en laquelle était cette ins-

cription, *Ludovicus XIII Dei gratia Francorum Rex primus christianus? Quæ inscriptio arrogantissima est,* disent-ils, *et in omnes christianissimos Franciæ reges injuriosa.* Ils ne disent pas *esset,* comme d'une chose douteuse, mais *est,* comme d'une chose certaine.

*Vous princes généreux, enfants d'un tel père, comment est-ce que vous n'étranglez de vos propres mains ces imposteurs, qui vous veulent mettre sur le front la plus laide et la plus honteuse tache qui se puisse imaginer au monde?*

Mais à quoi est-ce que je m'arrête? A des calomnies contre les morts. Hé, ils ont voulu massacrer les vivants! Ne fut-ce pas dans le collége des Jésuites à Lyon, et encore dans celui des Jésuites à Paris, que la dernière résolution fut prise d'assassiner le Roi, au mois d'août 1593? La déposition de Barrière exécuté à Melun n'est-elle pas toute notoire, et n'a-t-elle pas fait trembler et tressaillir tous ceux qui ont le cœur vraiment français, tous ceux qui n'ont point bâti leurs desseins et leurs espérances sur la mort du Roi? Ne fut-ce pas Varade, principal des Jésuites, choisi tel par eux comme le plus homme de bien et le meilleur Jésuite, qui exhorta et encouragea ce meurtrier, l'assurant qu'il ne pouvait faire œuvre au monde plus méritoire que de tuer le Roi, encore qu'il

fût catholique et qu'il irait droit en paradis? Et
pour le confirmer davantage en cette malheu-
reuse résolution, ne le fit-il pas confesser par un
autre Jésuite, duquel on n'a pu savoir le nom,
et qui est par aventure encore en cette ville,
épiant de semblables occasions? Quoi plus? ces
impies et exécrables assassins ne communièrent-
ils pas encore ce Barrière, employant ce qui
est le plus saint, le plus précieux, et le plus sacré
mystère de la religion chrétienne, pour faire
massacrer le premier roi de la chrétienté? *O
quam maluissent patrati, quàm incœpti facinoris
rei esse!*

Boutique de Satan, où se sont forgés tous les
assassinats qui ont été exécutés ou attentés en
l'Europe, depuis quarante ans, vrais successeurs
des Arsacides ou assassins, qui tuèrent le comte
Raimond de Tripoli, le marquis de Monférad
Conrard, Edouard fils du roi d'Angleterre, et plusieurs autres grands princes. Aussi leur roi qu'ils
adoraient (comme les Jésuites font leur général
toujours espagnol) faisait porter devant lui une
hache d'armes, pleine de couteaux tranchants
des deux côtés, et criait celui qui la portait:
Tournez-vous arrière, fuyez devant celui qui
tient entre ses mains la mort des rois.

Il a été pris depuis peu un Jésuite assassin en
Flandre, qui a déposé à la mort qu'il y en avait un

3

autre envoyé d'Espagne pour tuer le Roi. Hé!
que savons-nous s'il est maintenant dans le collège des Jésuites, attendant son occasion, et que
le Roi s'approche d'ici [1]? Car pour montrer que les
Jésuites ne peuvent désavouer leurs compagnons
de telles entreprises, et que le haut point de leur
honneur consiste à exécuter tels assassinats,
appelant martyrs ceux qui y ont répandu leur vie,
il y a plus de trois mille personnes qui savent que
Comolet prêchant à Noël dernier dans l'église
Saint-Barthélemy, prit pour son thème le troisième chapitre des juges, où il est parlé d'un
Aod qui tua le roi Moab, et se sauva. Et après
avoir fait mille discours sur la mort du feu roi,
et exalté et mis entre les anges ce meurtrier, ce
tigre, ce diable incarné de Jacques Clément, il
commença à faire une grande exclamation: IL
NOUS FAUT UN AOD, IL NOUS FAUT UN AOD, *fût-il
moine*, *fût-il soldat*, *fût-il goujat*, *fût-il berger*,
*n'importe de rien. Mais il nous faut un* AOD, *il ne
faut plus que ce coup pour mettre nos affaires au
point que nous pouvons désirer.*

Voyez, Messieurs, considérez deux et trois fois,
considérez jusqu'à quel degré notre stupidité,
où plutôt notre lâcheté (pardonnez-moi si je
parle ainsi, une juste douleur m'emporte) a fait

[1] Six mois après, Jean Châtel fit son coup.

monter l'audace, l'insolence, la témérité, l'im-
pudence de tels traîtres, de tels espions d'Espagne, de tels meurtriers, d'oser employer la chaise
de Dieu à crier qu'il faut tuer les rois ; c'est leur
pure doctrine ; Allin, principal du collége du sé-
minaire à Reims, en a fait un livre exprès. Et
à ce propos, quand Guillaume Parry fut exécuté, il
déclara que *Benedicto Palmio*, Jésuite, lui avait fait
entendre qu'il était permis de tuer et assassiner
tous les rois et princes excommuniés par le pape :
de quoi ayant depuis communiqué avec un docte
prêtre, nommé Vates, il lui dit que cette proposition était fausse, et qu'il serait damné ; et en cette
incertitude, Parry s'alla confesser à Annibal Codreto, Jésuite, demeurant à Paris (qui est celui
qui, en un livre imprimé à Lyon, a écrit que
leur société avait pris son nom de ce que Dieu
les avait donnés pour compagnons à son fils Jésus-Christ, et qu'il les avait acceptés pour ses
compagnons). Ce Codreto lui dit qu'il fallait que
Vates fût un hérétique, l'assurant qu'il ne pouvait faire une œuvre plus méritoire, et que les
anges le porteraient au ciel.

Vous rois et princes de la terre, vous n'êtes
plus assurés au-dedans de vos palais et au
milieu de vos gardes, si cette proposition dia-
bolique, vomie du plus profond de l'enfer, se
coule dans les esprits du peuple, comme les Jé-

3.

suites la lui inculquent continuellement par leurs maudites confessions, à quoi aussi ils sont obligés par leur règles, *Tyrannos aggredientur, lolium ab agro dominico evellant.* Ils ont en leurs bulles et statuts un article qui ne tend à autre fin. Sans attendre aucun an de probation ils reçoivent ceux qui se présentent à faire leurs vœux, après lesquels, encore que simples, celui qui a dit le mot est irrévocablement obligé à leur général : et néanmoins le général le peut chasser, quand il lui plaît, jusqu'à ce qu'il soit profès : ce qui n'advient quelquefois que vingt-cinq et trente ans après. Pourquoi cela si étrange, si extraordinaire, si inique, que ce contrat ne soit point réciproque? afin qu'ayant tenu un homme quelquefois vingt-cinq ans avec eux, s'il lui vient des successions, ils le prennent, et que s'il ne lui vient rien, ils le puissent chasser, s'il n'entreprend d'exécuter tout ce qu'ils voudront. Tellement que celui qui aura consumé avec eux toute sa jeunesse, se voyant d'un côté réduit à l'aumône, et de l'autre des promesses d'un paradis assuré, se résoudra facilement à être lui-même tueur, ou exhorter, confesser, et communier tous les parricides qui se présenteront.

Toutes les fois que je me remets devant les yeux en quelle extrémité de misères, et nous tous en particulier, et l'état de la France en gé-

néral, se fût trouvé si cet assassinat si dextre-
ment persuadé, si vivement empreint par Varade
principal des Jésuites à Barrière, eût été exécuté:
la servitude horrible en laquelle serait maintenant
la France, l'insolence et les triomphes des Espagnols, et l'état déplorable de cette grande ville
en laquelle commanderait superbement l'infante
de Castille: il faut que je confesse que la colère
et la juste indignation me font sortir hors de moi,
de voir qu'encore ces traîtres, scélérats, ces assassins, ces meurtriers des rois, ces confesseurs
publics de tels parricides, sont entre nous,
ils vivent, ils hument l'air de la France: comment ils vivent? ils sont dans les palais, ils sont
caressés, ils sont soutenus, ils font des ligues,
des factions, des alliances et associations toutes
nouvelles. Quoi! hé! si Dieu permet qu'un de ces
jours quelque Jésuite, ou autre par eux persuadé,
soit appréhendé comme celui de Melun, pensez-
vous tant que vous êtes qui les supportez en vos
discours, où vous faites les prudents, les considérés,
les sages, en un mot les Espagnols, pensez-vous,
dis-je, être en sûreté parmi nous? Non, non,
en toute autre chose on ne peut apporter trop de
modestie et de retenue; mais où il y va de la vie,
du salut, et de la conservation de cette personne
si sacrée, si nécessaire à la France, sans laquelle
c'était fait de l'état, il était couvert de perpé-

tuelles ténèbres, et fut maintenant l'une des
provinces d'Espagne : en cela, dis-je, on ne peut
apporter trop d'ardeur ; qui y est froid, qui y est
modeste, il est traître ; la vertu en telles matières consiste en l'excès, non point d'affection seulement, mais de passion : *Quantalibet vis omnium
gentium conspiret in nos, impleat armis virisque
totum orbem, classibus maria consternat, inusita-
tas belluas inducat, tu nos præstabis invictos, rex
invictissime : sed quis hoc Galliæ columen ac sidus
diuturnum fore polliceri potest,* si ceux qui ont entreprise continuelle sur sa vie, ceux qui reçoivent les assassins envoyés de Lyon, pendant
qu'elle était rebelle, et maintenant d'Espagne ; si
ceux, dis-je, qui désespèrent les religieux, ai-
grissent continuellement le peuple contre sa majesté, sont maintenus et conservés en son état?

Mais ils enseignent la jeunesse : à quoi faire?
à désirer et souhaiter la mort de leurs rois. Tant
s'en faut que la peine des crimes des Jésuites
doive être adoucie par la considération de l'instruction des enfants, qu'au contraire c'est ce qui
la doit aggraver et augmenter infiniment. Car
c'est cette belle instruction de la jeunesse, ce
sont ces malheureuses propositions qu'ils mettent
dans leur esprit tendre, sous prétexte de les instruire aux lettres (*Ut venena non dantur, nisi
melle circumlita : et vitia non decipiunt, nisi sub
specie umbraque virtutum*).

Ce sont ces confessions hardies (où sans témoins ils imbuent leurs écoliers de la teinture de
rebellion contre leur prince et ses magistrats),
qui ont rempli tant de places et tant de dignités
d'ames espagnoles ennemies du Roi et de son état.

> » . . . Puerorum infantia primo
> « Errorem cum lacte bibit. »

Quelques-uns de leurs écoliers ont rejeté leurs
persuasions, et ceux-là les haïssent plus mille fois
que ceux qui ne les connaissent pas. Mais pour
un qui y a résisté, cent ont été corrompus.

Nous lisons dans le 52 de Dion, que Mécénas
remontrait à Auguste qu'il n'avait aucun moyen
plus propre pour s'établir un repos et aux siens,
que de faire instruire la noblesse romaine aux lettres, par ceux qui aimaient la monarchie. Car en peu
de temps le monde se renouvelle, et cette jeunesse est incontinent montée aux grandes charges. De même, rien ne peut être plus dangereux
que de faire instruire nos enfants par ces espions
d'Espagne, qui haïssent sur toutes choses la
grandeur de la monarchie française.

Rien n'est si aisé que d'imprimer en ces esprits
faibles telle affection qu'on veut, rien plus difficile
que de l'en arracher, *altius enim præcepta descen-
dunt, quæ teneris animis imprimuntur.* Ce n'était
pas la rivière d'Eurotas qui faisait les hommes

belliqueux, mais bien la bonne institution de Ly-
curgue : ce n'est pas la rivière de Seine, ou là couronne qui a fait tant de mauvais Français : mais les
colléges des Jésuites à Paris, Toulouse et Bordeaux.
Depuis que tels écoliers sont entrés aux charges,
*majorum mores non paulatim ut antea, sed torren-*
*tis modo præcipitati sunt.*

La religion chrétienne a toutes les marques
d'extrême justice et utilité, mais nulle si appa-
rente que l'exacte recommandation de l'obéissance des magistrats, et manutention des polices,
et ces gens-ci qui se disent de la société de Jésus
n'ont autre but que de renverser toutes les puissances légitimes pour établir la tyrannie d'Espagne en tous endroits : et à cela forment les esprits de la jeunesse, qu'on leur pense donner
pour instruire aux lettres, en la religion, et en
la piété.

« Proh superi, quantum mortalia pectora cæcæ
« Noctis habent : ipso sceleris molimine Tereus
« Creditur esse pius, laudemque a crimine sumit. »

Les Carthaginiens immolaient leurs propres
enfants à Saturne, étant contraints, les père et
mère, d'assister à ce sacrifice, avec une conte-
nance gaie. C'est une chose étrange que nous
avons vu le temps auquel celui qui ne faisait étudier ses enfants sous les Jésuites, n'était pas es-
timé bon catholique, et que ceux qui avaient été

dans ce collége avaient leur passe-partout : il ne fallait point informer de leur vie. Tellement que les pères, s'accommodant à la saison, étaient contraints de perdre leurs enfants, qui étaient ou charmés, ou bien souvent du tout volés, s'ils les trouvaient à leur gré. De quoi il n'y a que trop d'exemples déplorables, assez connus à un chacun, et des plaintes publiques qui en sont laissées à la postérité contre ces plagières cruels qui séparent les enfants d'avec les pères, et souvent dérobent tout l'appui et le soutien d'une maison : comme au lieutenant criminel d'Angers, Airault, qui est chargé de huit petits enfants en sa vieillesse, et a été volé, par les Jésuites, de son fils aîné, qui pourrait maintenant entrer en sa charge, et servir de père à ses frères et sœurs tous jeunes. Ils le lui ont soustrait dès l'âge de quatorze ans, et le tiennent en Italie et en Espagne, sans que jamais il en ait pu savoir aucunes nouvelles, quelques monitions et censures ecclésiastiques qu'il ait fait jeter contre eux : desquelles ils se moquent, se contentant d'une absolution envoyée par leur général espagnol.

Cependant, quand Airault viendra à mourir, les Jésuites demanderont droit d'aînesse en son bien, car jamais ils ne font faire vœu de pauvreté, que toute espérance de succession ne soit hors ; et devant que faire la profession ils donnent leur

bien au collége; ainsi rien n'en sort, tout y entre, *et ab intestat*, et par les testaments qu'ils cap-
tent chaque jour, mettant d'un côté l'effroi de
l'enfer en ces esprits proches de la mort, et de
l'autre leur proposant le paradis ouvert à ceux
qui donnent à la société de Jésus, comme fit
Maldonat au président de Montbrun Saint-An-
dré, tirant de lui tous ses meubles et acquêts,
par une confession pleine d'avarice et d'imposture, de laquelle monsieur de Pibrac appela
comme d'abus en pleine audience. On sait le testament qu'ils firent faire au président Gondran
de Dijon, par lequel il donna demi-écu à sa sœur
qui était son unique héritière, et sept mille livres de rente aux Jésuites. On sait comme ils ont
volé la maison des Bollons, qui était l'une des
plus riches de Bordeaux, et tout récentement
comme ils ont eu pour le droit d'aînesse en la
maison de monsieur le président de Large-Bâ-
ton, la terre de Faiolles, qu'ils ont vendue douze
mille écus, et envoyé l'argent en Espagne, pour
être mis en leur trésor ; car ils ne gardent en
France que l'immeuble qui leur est légué, sans
le pouvoir aliéner.

On sait encore tout notoirement comme ils
ont volé le frère unique du sieur marquis de Canillac, qui a dès maintenant huit mille livres de
rente, et qui est substitué à plus de quarante-cinq

mille, et se garderont bien de lui faire vœu de pauvreté, tant qu'ils auront espérance de la succession de son frère aîné, qui n'est point marié, et qui expose chaque jour sa vie aux périls de la guerre pour le service du Roi, qui l'a honoré de sa lieutenance en Auvergne. Et ne faut point douter qu'advenant faute de lui, selon les jugements qu'ils ont obtenus jusqu'ici, ils ne se trouvassent marquis de Canillac, ruinant cette maison, l'une des plus grandes, plus riches et plus illustres de l'Aquitaine.

On a toujours accusé notre nation du défaut de prudence. Quant à la justice, à la libéralité, à la valeur et au courage, nous en avons assez, voire trop : de prudence, trop peu. Quelle supinité est-ce que ces gens-ci, sous prétexte de mépriser deux sols de porte, et quelque lendit, aient acquis en trente ans deux cent mille livres de rente!

« Eia age nobiscum sic quæso paciscere, triplex
« Accipias pretium, legataque cuncta relinquas,
« Abstineasque manus alieno, et munera tennas :
« Sed pietas jam nota tua est, animusque benignus.
« Magna petis, qui parva fugis. »

En notre université, on n'a jamais rien désiré des pauvres; mais si un enfant de bonne maison donne quatre ou cinq écus à celui qui l'a instruit toute une année, cela peut-il être trouvé mau-

vais? N'est-il pas raisonnable que ceux qui ont
consumé leur âge aux lettres aient quelque chose,
*unde toga niteat?* Denier cela, tant s'en faut que
ce soit soulager la pauvreté, qu'au contraire c'est
l'abîmer. Un pauvre jeune homme trouvait moyen
de se couler avec les riches jusqu'à 20 ou 22 ans,
et alors commençait à gagner quelque chose, ce
qui faisait étudier tous les ans mille personnes;
mais depuis que les Jésuites ont attiré à eux les
écoliers, on a perdu tout courage: *sublatis studio-*
*rum præmiis, studia pereunt.* Tous les plus grands
et excellents personnages de l'antiquité ont esti-
mé que la récompense de ceux qui instruisaient
la jeunesse était raisonnable, et outre la raison,
la nécessité y est: *super omnibus negotiis melius*
*atque rectius olim provisum et quæ convertuntur,*
*in deterius mutantur.*

Et néanmoins ces gens-ci, imitant les fins em-
poisonneurs qui ne jettent jamais un gros mor-
ceau de poison, mais l'incorporent subtilement
avec quelque viande friande et délicate, n'ont
trouvé moyen si propre pour attirer les écoliers
que cette abolition de lendits; car la jeunesse
débauchée aime beaucoup mieux dépendre *in*
*locis ædiles metuentibus,* l'argent que leurs pères
leur envoient à cet effet, que de le bailler à un
régent qui toute l'année aura travaillé pour
eux.

Tout cela serait peu, sans les charmes et les sorts qu'ils jettent sur la jeunesse; mais tout ainsi que les Romains avaient si grand soin de faire instruire la noblesse gauloise à Autun, où ils la nourrissaient en une bienveillance envers leur empire, et une oubliance de l'ancienne liberté des Gaules; de même, le tyran d'Espagne a les Jésuites disposés par la France, pour planter l'amour de son nom et de sa domination dans les esprits tendres de nos enfants. *Semina in corporibus humanis divina dispersa sunt, quæ si bonus cultor excipit, similia originis prodeunt : sin malus, non aliter quam humus sterilis ac palustris necat, et deinde creat purgamenta pro frugibus :* et quelque peine qu'on puisse prendre après pour arracher telles opinions, c'est perdre temps : *stomachus enim morbo vitiatus quoscunque accipit cibos mutat.* De sorte qu'il en faut venir à la crainte des lois et à la force, *et magno timore magna odia compescenda : sed fidelius et gratius semper est obsequium, quod ab amore quam quod a metu proficiscitur.* Ceux qui sont blessés de l'aspic nommé Dipsas ont une altération perpétuelle par la force du venin qui s'épand en toutes les veines, et sèche la masse du sang, tellement que le malade boit continuellement et ne se peut rassasier. De même ceux qui ont une fois reçu cette vénéneuse et pestilentielle instruction des Jésuites, ont

une soif continuelle de troubler les affaires de
leur pays, et d'avancer la domination espagnole.

L'histoire de Portugal est notoire; le roi Philippe jetait l'œil sur ce royaume voisin, il y avait
fort long-temps; mais sans faire mourir le roi et
la plus grande partie de la noblesse il ne le pouvait dompter; il emploie les Jésuites qui étaient à
l'entour du roi Sébastien, et qui se font appeler
apôtres en ce pays-là; lesquels, par mille sortes
d'artifices, lui ayant ôté ses anciens serviteurs,
même Pierre d'Alcassonne son secrétaire d'état,
lui persuadent de passer en Afrique contre ennemis infinies fois plus forts que lui. Il l'entreprit,
mais il y perdit la vie, avec quasi toute la noblesse
de Portugal. Pendant le règne du cardinal qui
dura peu, les Jésuites font si bien leurs pratiques,
qu'incontinent après sa mort, le roi Antoine, reconnu par tous les états, est chassé de la terre
ferme, lui ayant en un même jour fait révolter
tous les ports de mer, de sorte qu'il fut contraint
de faire, déguisé et à pied, plus de quatre cents
lieues. Les îles de Tercère tenaient encore pour
le roi Antoine, c'était un bon pied, et qui rom-
pait tout le trafic des Indes; les Français s'y je-
tèrent conduits par le sieur commandeur de
Chattes : tous les habitants des îles, tous les religieux, cordeliers et autres, se montrèrent très-

affectionnés à leur roi, et ennemis jurés des Castillans : tout au contraire, les Jésuites, qui avaient fait révolter le reste du royaume, commencèrent à fulminer contre les Français, et à exalter le roi Philippe. Que fit-on ? Au lieu de les jeter dans la mer, au moins de les chasser hors des îles, on se contenta de les murer dans leur cloître, et ceci est déduit au long dans l'histoire imprimée à Gênes par le commandement du roi d'Espagne, et qui est du tout à son avantage. Aussi tout ce qui est écrit des Jésuites est mis en leur honneur, comme ayant été les principaux moyens de cette union de Portugal à Castille : tout ainsi que leur travail de maintenant n'a autre but qu'une semblable union et annexe de la France à la couronne d'Espagne.

Que firent les Jésuites ? Quand ils virent qu'il était temps, une nuit ils démurèrent leurs portes, et mirent au-devant le saint sacrement de l'autel, se moquant de Dieu, et se servant de ses sacrés mystères pour exciter des séditions, et commencèrent à si bien pratiquer le peuple, qu'ils le rendirent froid à se joindre aux Français, conduits par M. le maréchal de Strossy, qui fut rompu. Et ici il faut lever les oreilles ; l'histoire porte que vingt-huit seigneurs, et cinquante-deux gentilshommes français furent bourrelés par l'arrêt espagnol en même jour sur un même échafaud à Ville-Franche, et infinis soldats pendus. La même histoire décrit que pendant cette guerre, cinq cents cordeliers ou autres religieux qui avaient prêché ou parlé pour le roi Antoine furent exécutés à mort. Voilà les préceptes des Jésuites : tuez, massacrez, pendez, bourrelez. Aussi nous voyons qu'en France ceux qui vont à confesse à eux et qui sont nourris de leurs mamelles sont si cruels qu'ils se tuent les uns les autres.

Marcelin, au 27, dit que vers le pont Euxin il y avait un peuple nommé Odrysæ, *qui ita humanum sanguinem fundere erant assueti, ut si hostium copia non daretur, ipsi inter epulas suis corporibus imprimerent ferrum.* Ceux-ci s'entretuent encore qu'ils aient tant d'ennemis en la campagne.

Allez donc, Messieurs de la noblesse, suivez ces disciples des Jésuites, afin qu'à la première fantaisie ils vous paient à coups de poignard de tous vos services, et qu'au mieux qu'il vous puisse advenir, vous fassiez quelque coin de la France *Maurorum provinciam, et ex Bætica jura petatis : quanto pulchrius erit vestra fide communi, vestris communibus viribus imperium retentum ac omnino recuperatum esse!*

Courage donc, brave et indomptable noblesse française, continuez de vous rejoindre tous en un même corps d'armée : Dieu protecteur des royaumes, Dieu qui a toujours jeté son œil de commisération sur la France en ses plus grandes afflictions, plantera sans doute au milieu de vous l'amour et la concorde : il vous remplira le front d'horreur, le bras de vigueur, il vous enverra ses anges pour vous fortifier, afin que vous exterminiez bientôt des Gaules tous ces infects et superbes Castillans.

Alexandre disait qu'Antipater était habillé de blanc, mais qu'au-dedans il était tout rouge. De même, il y a plusieurs personnes qui en apparence sont serviteurs du roi, et savent bien faire leur profit particulier de sa bonne fortune : mais au-dedans ils sont tous rouges, tous Espagnols. Ces gens-ci qui ont affaire de Jésuites pour exécuter leurs malheureuses entreprises, n'osent pas néanmoins dire ouvertement qu'il les faut laisser en France (car tenir ce langage, et porter une croix rouge c'est chose toute semblable); mais ils disent qu'il n'est pas temps de les chasser, et apportent des considérations à toutes lesquelles je répondrai. Mais auparavant il est nécessaire de détruire leur gros boulevart, qui consiste en l'appointé au conseil de l'année 64. A quoi j'apporterai cinq réponses, desquelles la moindre est plus que suffisante.

La première est que cette instance de 64 est

4

périe non-seulement par trois, mais par trente
ans ; et quant à ce qu'on dit que la péremption
d'instance n'a point lieu au parlement, cela n'est
véritable que lorsque le procès est en état de juger, et au fait qui se présente, tant s'en faut qu'il
y ait été mis, qu'au contraire on n'a jamais seulement loué les plaidoyers, qui est le premier
acte par lequel se commence l'instruction d'un
appointé au conseil.

La seconde réponse est que l'instance de 64 est
du tout différente de celle de présent : première-
ment les qualités sont diverses, car les Jésuites
étaient alors demandeurs, et ils sont à présent
défendeurs. En second lieu, il était alors question
de savoir s'ils auraient les priviléges de l'Université, et maintenant il s'agit de savoir s'ils sortiront
de France. En ce temps-là les appointer au conseil était leur dénier ce qu'ils demandaient :
maintenant ce serait appointer au conseil la vie
du Roi, que d'entretenir ce pendant parmi nous
tels assassins, qui ne désirent rien si ardemment
que sa mort.

En troisième lieu, il y a grande différence entre l'année 64 et l'année 94. En 64, on craignait
le mal qui est advenu, et plusieurs ne le voulaient
présumer, trompés par les douces paroles emmiel-
lées de ces hypocrites.

« Quis te tam lene fluentem
« Moturum totas violenti gurgitis iras
« Nile putet? »

Qui est-ce qui en ce temps-là pouvait penser qu'il verrait des mortes-paies espagnoles dans Paris, fouler ces belles et larges rues, les mains en arcade sur les côtés, l'œil farouche, le front ridé, la démarche lente et grave :

« Ecquis ad Ausoniæ venturos limina Troas
« Crederet? aut quem tum vates Cassandra moveret?»

En 64, on n'avait point ouï père Bernard et Comolet appeler le Roi Oloferne, Moab, Néron, soutenant que le royaume de France était électif, et que c'était au peuple d'établir les rois, et alléguant ce passage du vieil testament *eliges fratrem tuum in regem : fratrem tuum*, disaient-ils, ce n'est pas de même lignage ou de même nation, mais de même religion, comme ce grand roi catholique, ce grand roi des Espagnes. Comolet a été si impudent que d'oser dire par un vrai blasphème que sous ces mots, *eripe me, Domine, de luto ut non infigar*, David par un esprit prophétique avait entendu parler contre la maison de Bourbon. Pendant ces guerres, ils ont voulu établir un collége de Jésuites à Poitiers, disant qu'un seigneur riche et fort dévocieux voulait donner huit cents écus de rente pour la fondation. Après

4.

qu'on les a eu fort long-temps pressés pour savoir qui était ce seigneur, n'en pouvant nommer
aucun autre, ils furent contraints à toute force de
reconnaître que c'était le roi d'Espagne qui ne
craindra jamais de dépendre si peu de chose,
pour entretenir parmi nous des gens qui nous
sont si pernicieux et dangereux, et cela a été té-
moigné par tous les députés de Poitiers, qui ont
aidé à remettre la ville en l'obéissance de sa majesté.

En 64, les Jésuites n'avaient point encore de
livre de vie, dans lequel ils ont depuis mis tout
ce qu'ils apprennent par leurs confessions du
secret des maisons, s'enquérant des enfants et
serviteurs, non pas tant de leur conscience,
comme des propos de leurs pères et maîtres, afin
de savoir de quelle humeur ils sont. Comolet faisant sermon en la Bastille, devant Messieurs
qui y étaient prisonniers au commencement de
89, leur dit, après mille impudents blasphèmes,
que celui qui avait été leur roi ne l'était plus,
projetant dès-lors l'assassinat qu'ils firent depuis
exécuter. Quand Trouvé et le capitaine Aubry
furent emprisonnés dans la Bastille par Bussy
le Clerc, le conseil des quarante ne les put tirer;
mais Comolet seul, comme un Orphée, les fit
sortir d'autorité, tant les seize voleurs dépen-

daient des Jésuites. Lorsqu'on sut l'élection du pape qui est aujourd'hui, Comolet, étant descendu de sa chaire, y remonta et commença à crier : Écoute, politique, tu sauras des nouvelles : nous avons un pape ; hé! quel bon catholique! Quoi plus? bon Espagnol : va te pendre, politique. Les Jésuites n'avaient point tenu tous ces langages en l'année 64. Un ancien dit : *Serpentes parvulæ fallunt , ubi aliqua solitam mensuram transiit, et in monstrum excrevit, ubi fontes potu infecit, et si afflavit devrit quacumque incessit, balistis petitur, possunt evadere mala nascentia, ingentibus obviam itur.*

Tite-Live dit élégamment, *ante morbos necesse est cognitos esse, quam remedia eorum : sic cupiditates prius natæ sunt, quam leges, quæ eis modum facerent.* Platon, au commencement de son premier livre des lois, dit que Minos s'en allait de neuf en neuf ans savoir de Jupiter les lois qu'il baillerait aux Crétois : d'autant que le temps change tellement et varie toutes choses, que ce qui semble bon en une saison se trouve en l'autre fort pernicieux, *usu probatum est leges egregias, exempla honesta ex delictis gigni. Nam culpa quam pœna tempore prior, emendari quam peccare posterius est.*

Parlez au sieur marquis de Pisani, il vous té-

moignera que depuis l'an 64, qu'il traite, comme
ambassadeur, les affaires de France en Espagne
et Italie, il n'a jamais eu une grande affaire qu'il
n'ait trouvé un Jésuite en tête. Parlez à ceux qui
ont déchiffré toutes les lettres importantes inter-
ceptées pendant ces guerres, ils vous diront qu'ils
n'ont rien lu de pernicieux où un Jésuite n'ait
été mêlé. Et tout nouvellement à Lyon, depuis la
réduction, un Jésuite qui avait commencé à dire
la messe, voyant un gentilhomme qui avait une
écharpe blanche, s'enfuit hors de l'église pleine
de peuple, pensant exciter une sédition : ce qu'ils
ont encore tenté depuis, et perdront enfin cette
importante ville, s'ils n'en sont promptement
chassés par votre arrêt.

En quatrième lieu, quiconque contrevient aux
modifications et conditions, sous lesquelles une
chose lui est accordée, doit être privé du profit
qu'il en pourrait tirer. Or, depuis l'an soixante-
quatre, les Jésuites ont contrevenu directement
aux conditions de leur avis de Poissy, qui est la
seule approbation qu'ils aient en France. Premiè-
rement, ils y ont contrevenu en ce qu'ils ont re-
tenu le nom de Jésuites, qui leur était expressément défendu, comme ayant été ce nom
glorieux réservé particulièrement au seul sau-
veur du monde : sans que jamais entre les chré-

tiens, aucun se soit trouvé si orgueilleux que de se l'attribuer, ou en particulier, ou en commun. Ils ont été même si impudents qu'il ont pris ce nom dans les thèses, par lesquelles *mellea delinifica et suada oratione aliud clausum in pectore habentes, aliud promptum in lingua;* ils ont voulu depuis trois mois flatter ceux qu'ils désireraient avoir mis au plus profond de l'inquisition d'Espagne. En second lieu, ils ont contrevenu à l'avis de Poissy, par lequel leur collége était reçu, et leur religion rejetée: car, ils ont été si hardis que de la planter en trophée au milieu de la rue Saint-Antoine, où ils sont encore aujourd'hui si impudents, que d'avoir en leurs chappes les armes de France pleines, avec un chapeau de cardinal au-dessus; pour dire, qu'en dépit du Roi, auquel ils n'ont aucun serment de fidélité, et qu'ils ont voulu et veulent chaque jour faire massacrer, ils reconnaissent un Charles dixième avoir été roi de France, sous lequel ils espéraient faire de ce royaume ce qu'ils ont fait du Portugal, sous un autre cardinal. En troisième lieu, leur avis de Poissy porte expressément qu'ils ne pourront obtenir aucune bulle contraire aux restrictions portées par cet acte, et que là où ils en obtiendront, les présentes demeureront nulles, et de nul effet et valeur. Ce qui est vérifié à cette même condition. Or ils ont obtenu bulles tellement contraires à cet avis de Poissy, que même par icelles tous ceux qui ont apporté des limitations et restrictions à leurs priviléges et institutions, sont excommuniés d'excommunication majeure, voire même tous ceux qui entreprendront d'en disputer, quand ce ne serait que pour en rechercher la vérité. Voici les propres mots de leur bulle de quatre-vingt-quatre: *suisque præpositis in omnibus et per omnia obedire et huic sedi immediate subjectos, et a quorumvis ordinariorum et delegatorum, seu aliorum judicum jurisdictione omnino exemptos prout nos etiam vigore præsentium eximimus.* Ce qui est directement contraire à cette clause de l'avis de Poissy, *à la charge que sur icelle dite société et colléges, l'évêque diocésain aura toute superintendance, juridiction et correction.* Et conséquemment leur avis de Poissy demeure nul, tant par la disposition de droit déjà alléguée, que par la cause annulative expresse de la dite assemblée. *Renonceront au préalable, et par exprès, à tous priviléges portés par leurs bulles aux choses susdites contraires: autrement et à faute de ce faire, ou que pour l'avenir en obtiennent d'autres, les présentes demeureront nulles et de nul effet et valeur.* Mais voici la clause bien plus étrange de leur bulle de quatre-vingt-quatre, par

laquelle et nous qui parlons contre eux, et vous,
Messieurs, qui en connaissez, et ceux de Poissy
même qui en ont ordonné, sommes tous excommuniés : *Præcipimus igitur in virtute sanctæ obe-
dientiæ, ac sub pœnis excommunicationis latæ sententiæ, nec non inhabilitatis ad quævis officia et
beneficia secularia ; et quorumvis ordinum regula-
ria ; eo ipso absque alia declaratione incurrendis,
quarum absolutionem nobis et successoribus nostris
reservamus : ne quis cujuscumque status, gradus,
et præeminentiæ existat, dictæ Societatis institu-
tiones, constitutiones, vel etiam præsentes, aut
quamvis earum, vel supradictorum omnium arti-
culorum, vel aliud quid supradicta concernens,
quovis disputandi,* VEL ETIAM VERITATIS INDAGANDÆ
QUÆSITO COLORE, *directe vel indirecte impugnare,
vel eis contradicere audeat.*

« En cinquième et dernier lieu, et pour ne rien
flatter en cette cause tant importante, et de laquelle l'issue prompte est si ardemment désirée
de tous les gens de bien, qui ne sait qu'en 64
il n'y avait homme céans si hardi, qui eût osé
parler franchemement contre la conjuration d'Espagne ? *trepidi erant omnes boni, et elingues ; cùm
dicere quod nolles, miserum : quod velles, periculo-
sum ;* les roues, les potences n'eussent pas été
supplices suffisants contre ceux qui eussent été

si hardis. Que pensez-vous donc, espions d'Espagne, alléguer aujourd'hui pour vous maintenir ? Qu'on vous a endurés par le passé; et tout au contraire c'est ce qui vous doit plutôt faire chasser de la France : savoir la force, la violence, la tyrannie de vous, de vos suppôts, de vos Espagnols, qui nous ont lié les mains, qui nous ont fermé la bouche, qui vous ont donné tant de courage, qui vous ont fait parler si haut, qui vous ont tant élevés, *vos, inquam, homines sceleratissimos cruentis manibus, immani avaritia nocentissimos ac superbissimos, quibus fides, decus, pietas, postremò honesta atque inhonesta omnia quæstui sunt.*

Mais ils ne sont pas tous seuls méchants. C'est en quoi ils sont pires; car s'ils eussent été seuls pernicieux, notre mal eût été petit : le grand nombre de Français qu'ils ont corrompus a été cause de nos misères : et toutefois ils voudraient aujourd'hui volontiers se cacher et s'enfoncer dans cette foule, *societate culpæ invidiam declinare cupientes, quasi publica via erraverint.* Mais tout au contraire, tant plus il y a eu de méchants, tant plus de fruits des Jésuites : et davantage toute cette sentine de Seize et de leurs adhérents ne sont-ils pas maintenant sur le chemin d'Espagne, bannis pour jamais de l'air de la France, qu'ils ont empestiféré si long-temps ? Hé ! que font encore ici les Jésuites ? Qu'ils y font ? ne le voyons-nous pas assez? Quelles brigues, quelles violences, quelles corruptions, et quasi quelles séditions n'ont-ils déjà faites ? Croyez, Messieurs, qu'ils ne perdent pas leur temps : tels esprits remuants *ad excogitandum acutissimi, ad audendum impudentissimi, ad efficiendum acerrimi*, ne sont pas inutiles ; ils reçoivent chaque jour les paquets d'Espagne, et de tous les coins de la France, et les font tenir à Soissons : ils les portent eux-mêmes hors de la ville (car de fouiller un Jésuite ce serait un crime de lèze-majesté divine, et n'y a capitaine qui l'ait encore osé entreprendre). Ils reçoivent en leur chambre du conseil tous ceux qui veulent machiner contre l'état de la ville; pourvu qu'on fasse mine d'aller à l'église, ou à confesse aux Jésuites, qui sera si hardi que de s'adresser à un reste de Seize qui ira conjurer notre mort? Nous laisserons-nous toujours ainsi abuser par ces hypocrites? ressemblerons-nous toujours ces barbares qui se moquaient des machines qu'on élevait contre leurs murailles, jusqu'à ce qu'ils se trouvèrent rudement battus et emportés d'assaut? Permettrons-nous que nos ennemis rassemblent les pièces de leur naufrage ? Que les Jésuites renouent leurs pratiques, et réforment leur parti dans les consciences du peuple, qui surpasse toujours en nombre?

Il n'y a rien si étrange en cette affaire, que,

comme il a été possible d'attendre des délais, des
formalités de la justice, et que sur-le-champ à l'im-
proviste, sans leur donner loisir *ambitu pro-
pugnare quod scelere commiserunt*, on ne les a chassés comme on fit à Bordeaux, qui est le plus bel acte
et le plus glorieux que fit jamais M. le maréchal de
Matignon, encore qu'il ait le chef environné d'infinis lauriers qu'il a remportés de ses belles victoires.
Mais ce coup qu'il frappa de résolution lui donna
moyen de conserver la Guyenne, laquelle autrement se perdait, et entraînait, en ce temps-là, la
ruine de tout le surplus.

« Brave et généreux maréchal, tu n'as point
« craint les calomnies, les méchantes langues et
« les vomissements empuantis de ceux qui fausse-
« ment se disant parmi nous serviteurs du Roi,
« fomentent, soutiennent, supportent et favori-
« sent ses plus cruels, ses plus détestables, ses plus
« conjurés ennemis : mais enfin ils périront tous
« malheureusement avec leurs Jésuites, nonobs-
« tant leurs belles considérations, desquelles la
« principale est : »

QUE DIRA-T-ON A ROME? hé! qu'a-t-on dit de M. le
maréchal de Matignon? voulons-nous savoir ce
qu'on dira à Rome? Distinguons ceux qui parle-

ront : les Espagnols diront que ceux qui ont chassé
les Jésuites de France, sont tous hérétiques : ont-
ils parlé autrement? Je ne dirai point seulement
de nous qui avons suivi la fortune du roi, mais
aussi de ceux qui étant demeurés en cette ville
se sont si vertueusement et avec le péril évident
de leur vie, opposés à l'extinction de la loi Salique ; les Espagnols ne disaient-ils pas qu'ils étaient
tous luthériens et hérétiques ?

Au contraire, ceux qui ne seront point Castillans à Rome et en Italie, diront que c'est à ce
coup que les Français veulent demeurer francs,
libres et ennemis jurés de l'Espagne : que c'est à
ce coup qu'ils voient clair en leurs affaires, puisqu'ils chassent d'avec eux les espions de leur ennemi ; bref que c'est à ce coup qu'ils veulent
vivre en santé vigoureuse et assurée, puisqu'ils
vident ces humeurs noires, recuites et très-ma-
lignes.

Mais si les Jésuites sont pernicieux à la France,
pour le moins ont-ils fait de grands miracles aux
Indes ; oui certainement et fort remarquables
pour nous, car ils ont fait mourir avec leurs Castillans par le fer et le feu vingt millions de ces
pauvres innocents, que leur histoire même appelle des aigneaux. Ils ont bien arraché le paga-
nisme, non pas en convertissant les païens, mais

en les bourrelant cruellement. La façon de laquelle ils dépeuplèrent l'Ile espagnole est fort remarquable. Ils mirent d'un côté tous les hommes à part aux minières, et les femmes à labourer la terre ; de sorte que n'en naissant plus, et exerçant toutes cruautés sur les vivants, en moins de douze ans ils firent que dedans cette grande île il n'y restait que des naturels Castillans. Au Pérou ils ont des gênes publiques dans les marchés, pour y mettre mille hommes à la fois, et là les soldats et les goujats tourmentent ces pauvres gens, afin de leur faire confesser où est leur trésor. Aussi quand ils peuvent échapper, ils se vont eux-mêmes pendre aux montagnes, et auprès d'eux leurs femmes et leurs petits enfants à leurs pieds. Ces monstres de tyrannie vont à la chasse aux hommes, ainsi qu'on fait ici aux cerfs : les faisant dévorer par leurs dogues, et par les tigres, lorsqu'ils les envoient chercher du miel et de la cire, et aussi par les tuberons quand ils leur font pêcher les perles aux endroits de la mer les plus dangereux. S'ils mènent ces pauvres gens à la guerre avec eux, ils ne leur donnent chose du monde à vivre, et les contraignent de manger leurs ennemis, de sorte que leurs armées espagnoles sont vraies boucheries de chair humaine : et nous trouvons étranges les cruautés qu'ils pratiquent de deçà, qui ne sont que douceurs à

comparaison de ce qu'ils savent faire. Leur avarice était si extrême, qu'ils chargeaient leurs na-
vires de trois fois autant de ces pauvres esclaves
qu'ils en pouvaient mener et nourrir ; tellement
qu'ils en jetaient tant dans la mer, que pour aller
de l'île de Lucayes jusqu'à l'Ile espagnole, où il y
a fort loin, il ne fallait aiguille ni carte marine,
mais seulement suivre la trace de ces pauvres In-
diens morts flottants sur la mer, où ils les avaient
jetés. *Horrendos Hispanos. Lucain.*

Français, contemplez deux et trois fois, contemplez la grace que Dieu vous a faite de vous
tirer hors de la servitude de cette monstrueuse et
prodigieuse nation : les cadennes et les fers eussent été vos plus gracieux traitements : vous eus-
siez été emmenés à pleins vaisseaux aux Indes,
pour travailler aux minières, pendant qu'ils eussent établi dans vos villes des colonies, et donné
vos maisons des champs en commande ; et néanmoins c'eût été planter la religion catholique, que
de faire mourir ou enchaîner tous les vrais catholiques, et ne laisser en France que les athéis-
tes, voleurs, assassins, incestueux, pensionnaires
d'Espagne.

Mais si les Jésuites sont si méchants, il leur
faut faire leur procès. Je réponds que M. le procureur général saura bien requérir contre ceux

qu'il avisera ; mais ce que l'Université (fille aînée
du Roi, et qui ne peut qu'elle ne rompe le fil de
sa langue, pour crier contre ceux qui veulent assassiner son père) soutient est que tous les autres
doivent vider le royaume pendant qu'on fera le
procès de mort à ceux qui seront emprisonnés ;
*lenta remedia et segnes medicos non expetunt mala
nostra.* L'histoire des frères humiliés et du cardinal Bouromée est toute notoire et toute récente ;
l'un de ces frères voulut assassiner ce cardinal.
Tout sur l'heure l'ordre fut éteint, et tous ceux
qui en étaient, chassés d'Italie par le pape Pie V,
vraiment digne de son nom, qui faisait des ligues
contre le Turc, au lieu que les autres les ont faites
contre la France. Et maintenant pour avoir voulu
faire tuer un roi de France, pour avoir fait évader l'assassin Varade, les Jésuites ne seront pas
chassés? Ceux qui soutiennent cette proposition
font plus d'état de la vie d'un cardinal que d'un
roi de France, fils aîné et protecteur de l'Église.

La loi civile chasse, bannit, et rend misérables
les enfants à la mamelle de ceux qui ont attenté
à la vie du prince, on craint l'exemple, et nous
conserverons les compagnons de Varade qui ont
même vœu, même désir, même dessein, et qui
l'ont fait évader. Tellement que toutes les fois
qu'un Jésuite aura attenté à la vie d'un de nos
rois, on le chassera seul. Voilà une bonne pro-

position, pour faire que vingt rois soient plutôt massacrés que tous les Jésuites chassés de France. Ceux qui sont de cet avis ne craignent guère de changer de roi.

Si on les voulait faire mourir comme les Templiers, il leur faudrait faire leur procès criminel. Mais que disent les Jésuites? qu'ils sont venus en France pour nous apporter tant de profit : l'expérience nous a montré qu'ils ont causé notre ruine. Qu'est-il besoin d'un plus long procès? qu'ils aillent ainsi profiter à nos ennemis. Il y a à ce propos un lieu excellent dans Tacite : *Si, Patres Conscripti, unum id spectamus quam nefaria voce aures hominum polluerint, neque carcer, neque laqueus sufficiant : est locus sententiæ, per quam neque impune illis sit et vos severitatis simul ac clementiæ non pœniteat : aqua et igni arceantur.* Voilà l'arrêt des Jésuites.

Davantage auparavant l'année quatre-vingt-cinq, il eût par aventure été besoin de cette formalité : *hactenus enim flagitiis et sceleribus velamenta quæsiverant.* Mais maintenant en une telle notoriété de fait et de droit, il ne faut ni lettres ni témoins. Quintilien élégamment, *quædam sunt crimina læsæ reipublicæ, ad quorum pronunciationem soli oculi sufficiunt.* Et Sénèque à ce propos au dixième de controverses, *an læsa sit respublica non solet argumentis probari, manifesta statim sunt damna reipublicæ.* Qui eût pu saisir au corps Jules-César, eût-il fallu lui confronter des témoins pour prouver qu'il avait passé le Rubicon, qu'il était entré en armes en Italie, et pris les trésors publics? Les peintres et les poètes ont donné à la justice l'épée nue, pour faire entendre qu'il ne faut pas toujours user de scrupule et de longueur, et qu'il ne faut imiter les mauvais chirurgiens, qui, par faute de remédier de bonne heure à la maladie, diffèrent jusques à ce que la force et la vigueur du patient soient abaissées et anéanties.

Mais qu'est-ce qu'une chose notoire? Tous nos docteurs la définissent en un mot, *quod fit coram populo.* Et plût à Dieu que les crimes des Jésuites n'eussent point été si grands, si certains et si notoires, nous n'eussions pas enduré tant de misères!

« O utinam arguerem, sic ut non vincere possem:
« Me miserum, quare tam bona causa mea est? »

*Sed nihil integrum advocato reliquerunt : res enim manifestissimas inficiari, augentis est crimen, non diluentis.* Philon juif sur les dix commandements, parlant de la voix de Dieu, rend une belle raison pourquoi on la voyait : d'autant, dit-il, que ce que Dieu dit n'est pas seulement parole, mais œuvre. C'est un proverbe ordinaire que la voix du peuple (c'est-à-dire des gens de bien, et non pas de la populace) est la voix de Dieu : parce qu'elle parle de choses notoires, de choses qui ont été vues, et en quoi on ne peut mentir.

Mais les Jésuites, dit-on, ne sont pas tous étrangers : comme si les Espagnols d'adoption et de serment ne nous avaient pas beaucoup plus fait de mal que les naturels. *Ego potius cives credam, qui in extrema Scythia nati bene de Gallia cogitant, quam qui Lutetiæ geniti et educati locum, libertatem, gloriam, in qua nati sunt summum scelus perdere velint et conentur.* Comolet, Bernard, et semblables ne sont-ils pas Français de naissance, et néanmoins y a-t-il gens qui aient si impudemment vomi toutes sortes de blasphèmes contre sa majesté et contre la mémoire de notre défunt Roi? Y a-t-il personnes au monde qui aient tant travaillé à renverser l'état? Car, pourvu qu'on mette au devant un faux prétexte de religion, tout ce qui se fait sous cela est mission : tuer ou faire massacrer les princes excommuniés par le pape, c'est le principal chef de la mission. Varade même, qui a encouragé et exhorté cet assassin de Melun, n'était-il pas Parisien? O qu'il y a long-temps que l'ordre des Jésuites eût été chassé et exterminé de France, s'il n'y avait entre nous autres Espagnols que ceux qui sont nés de-là les Pyrénées! Les biens et les

5.

faveurs immenses que le roi Philippe fait aux Jésuites, donnent assez à connaître qu'il les tient tous
pour ses bons sujets et instruments de sa domination. Le grand vaisseau jésuite, qui porte leur or
et leurs marchandises des Indes (car ils tirent de
tous côtés, afin d'augmenter leur trésor de Rome
et d'Espagne), ce grand vaisseau, dis-je, ne paie
point de quint au roi Philippe. Ce qui leur vaut
plus de deux cent mille écus tous les trois ans.
Pour leur part de la conquête de Portugal, il leur
a donné le présent que les rois des Indes-Orien-
tales faisaient de trois en trois ans au roi de Portugal, qui vaut en or, en perles et en épicerie
plus de quatre cent mille écus. Aussi en récompense de tant de libéralités, ils parlent de lui
comme du plus grand prince qui ait jamais été au
monde, surpassant la force des Romains, et tenant plus de pays que tous les autres rois de la
terre.

Continuez, ames Espagnoles, à haut louer et
magnifier les forces du roi de Castille, il vous fera
tous cardinaux aussi bien que Tolledo, Jésuite
espagnol. Ils ne veulent point de petits bénéfices
(annexent néanmoins et unissent à leur même
force prieurés et abbayes) mais d'être cardinal, afin
de venir au Papat, cela ne se doit point refuser.
Qui a porté les paroles rudes et audacieuses à

monsieur de Nevers, que ce Jésuite cardinal espagnol? Qui fut si impudent que de lui dire au mois
de janvier dernier qu'il fallait que les trois pré-
lats allassent demander absolution au cardinal de
Saint-Severin chef de l'inquisition, de ce qu'ils
s'étaient trouvés à la conversion de sa majesté?
Quelle honte, quels blasphèmes contre Dieu et
sa sainte religion, de demander absolution du plus
bel œuvre, plus saint, plus profitable, et plus
nécessaire qui se pouvait faire en la chrétienté!
Mais puisqu'il est dommageable et pernicieux à
l'Espagnol, les Jésuites le condamneront toujours
et le jugeront digne de pénitence et d'absolution.
C'est pourquoi au premier bruit de cette sainte
conversion, ils envoyèrent de Paris à Rome Du
Puy, aujourd'hui leur provincial, pour persuader
au pape qu'elle était feinte.

« Sed jam tot traxisse moras, tot spicula tædet
« Vellere. »

Comment pouvons-nous douter s'il faut chasser
ces assassins, vu que dès l'an 1550 (comme l'a re-
marqué monsieur l'avocat Du Mesnil en son plaidoyer) les Jésuites ayant présenté leurs lettres, si-
gnées en la présence du cardinal de Lorraine, et
fondées sur ce qu'ils étaient reçus en Espagne
(qui était une fort belle considération) ces lettres

furent purement et simplement refusées par la
cour, les deux semestres assemblés. Et quatre ans
après, sur une seconde importunité des Jésuites,
la cour voulut avoir l'avis de la Sorbonne, laquelle
assemblée par quatre divers jours (présidant sans
doute entre eux le Saint-Esprit) par un instinct
vraiment divin les prévit, et jugea très-domma-
geables et très-pernicieux pour l'état du royaume,
et pour la religion, et qu'ils jetteraient infinies
querelles, divisions et dissensions parmi les Français. Et afin qu'il ne semble qu'on y ajoute rien,
voici les propres mots du décret de la Sorbonne,
qui en peu de paroles décrit le mal que nous
avons reçu de cette nouvelle et dangereuse secte :

« Hæc nova societas insolitam nominis Jesu ap-
« pellationem peculiariter sibi vindicans, tam li-
« center et sine delectu quaslibet personas quan-
« tumlibet facinorosas, illegitimas, et infames
« admittens, nullam a secularibus sacerdotibus ha-
« bens differentiam in habitu exteriori, in tonsura,
« in horis canonicis privatim dicendis, aut publice
« in templo decantandis, in claustris et silentio,
« in delectu ciborum et dierum, in jejuniis, et aliis
« variis legibus ac ceremoniis (quibus status re-
« ligionum distinguuntur et conservantur) tam
« multis, tamque variis privilegiis indultis et liber-
« tatibus donata, præsertim in administratione

« sacramenti pœnitentiæ et eucharistiæ, idque sine
« discrimine locorum, aut personarum, in officio
« etiam prædicandi, legendi et docendi, in præju-
« dicium ordinariorum, imo etiam principum et
« dominorum temporalium, contra privilegia Uni-
« versitatum, in magnum populi gravamen, reli-
« gionis monasticæ honestatem violare videtur,
« studiosum, pium et necessarium virtutum, abs-
« tinentiarum, ceremoniarum, et austeritatis ener-
« vat exercitium, imo occasionem dat libere apos-
« tatandi ab aliis religionibus : debitam ordinariis
« obedientiam et subjectionem subtrahit, domi-
« nos tam temporales quam ecclesiasticos suis
« juribus injuste privat, perturbationem in utra-
« que politia, MULTAS IN POPULO QUERELAS, MUL-
« TAS LITES, DISCORDIAS, CONTENTIONES, ÆMULA-
« TIONES, REBELLIONES, VARIAQUE SCHIMATA INDUCIT.
« Itaque his omnibus atque diligenter examinatis
« et perpensis, hæc societas videtur in negotio
« fidei periculosa, pacis ecclesiæ perturbativa,
« monasticæ religionis eversiva, ET MAGIS IN DES-
« TRUCTIONEM QUAM IN ÆDIFICATIONEM instituta. »
Auparavant que les effets de leur conjuration eussent été connus, nous faisions en notre Université
de grandes admirations; quelles gens sont-ce ici?
sont-ils réguliers ou séculiers? car, nous n'en
avons point de troisième sorte. Ils ne sont pas sécu-

liers, puisqu'ils vivent en commun, ont un général,
et qu'enfin ils font vœu de pauvreté, disposant
toutes fois entièrement du bien des colléges. Ils
ne sont pas aussi réguliers, car ils n'ont règle quelconque, ni jeûne, ni distinction de viande, ni ne
sont astreints à certains services, et peuvent suc-
céder, encore qu'ils ne se puissent délivrer de leur
serment; ils ont eu de quatre ou cinq sortes de
vœux, de simples, de composés, de solennels,
de secrets, de publics. Bref, ils brouillent, per-
vertissent tout, et, interrogés quels ils sont, ils
répondent, *tales, quales.*

Nous faisions, dis-je, en ce temps-là de grandes
admirations; mais maintenant, tout cela cesse;
pourquoi? parce qu'en un mot, ils ne sont ni
réguliers ni séculiers. Quoi donc? vrais espions
d'Espagne, qui s'appelleront comme on voudra,
ne liront point si on ne veut, feront tous les ser-
ments qu'on voudra sous une dispense *ad caute-
lam,* pourvu qu'on les laisse à leur aise trahir,
épier, jeter faux bruits parmi le peuple et des
nouvelles à l'avantage d'Espagne, allumer et
attiser le feu de nos dissensions, voilà tout ce
qu'ils demandent, voilà leur vœu, leur profession, leur règle, leurs desseins et leur souverain
bien.

Ce n'a point été seulement la Sorbonne de Pa-

ris qui les a condamnés; mais à Rome même,
les plus gens de bien, connaissant le dessein
d'Ignace, Espagnol, s'y opposèrent. Voici ce
qu'eux-mêmes en écrivent en sa vie, page 144 :
« Postea vero Ignatio ejusmodi instituti confirma-
tionem scriptam postulante, negotium a ponti-
fice maximo tribus cardinalibus datum est, qui
ne res conficeretur magnopere pugnabant: præ-
cipue vero Bartholomœus Guidicionus cardinalis,
vir pius quidem atque eruditus, sed qui tantam
religionum multitudinem, quanta nunc quidem
in Dei ecclesia cernitur, minus probaret ; conci-
liorum lœteranensis ac lugdunensis decretis for-
tasse permotus, quibus nimirum novarum religionum multiplicatio prohibetur, aut certe prop-
ter quarumdam lapsam fluxamque disciplinam,
quam in pristinum statum revocandam censebat
potiùs quam novas religiones instituendas : atque
de ea re librum dicitur scripsisse. Quapropter,
cùm id sentiret, acriter nostris restitit, et societatis
confirmationi unus omnium acerrimus repugna-
vit : aliqui nonnulli conatus cum illo suos conju-
raverunt. » Qui les fit donc recevoir, nonobstant
tous ces empêchements? la promesse du quatrième vœu d'obéissance expresse au pape par-
dessus tous les princes de la terre. Voici ce qu'eux-
mêmes en écrivent en cette même page 144 :
« Quorum quidem religio clericorum regularium

esset: institutum vero, ut summo pontifici ad nutum præsto forent, et omnino ad eam normam vi-
tam suam dirigerent, quæ multo ante meditata, et
à sè esset constituta; quod quidem pontifex tertio
septembris Tibure LIBENTER AUDIVIT, anno 1539. »

Ils ont donc été rejetés, et en France et en
Italie, par tous les plus grands catholiques non
Espagnols: si, d'aventure, ils ne sont si impudents,
et ceux qui les soutiennent, d'oser dire que la
Sorbonne était hérétique, en l'an 54, lorsqu'elle
fit ce décret contre eux ; tout ainsi qu'ils sont
si effrontés que de publier parmi les femmes de
leur congrégation, que tous ceux qui poursui-
vent cette cause sont hérétiques qui viennent
de Genève et d'Angleterre. Que si, moi, qui parle,
n'étais connu depuis mon enfance, instruit dans
le collége royal de Navarre, et que ma profession
si notoire, et ma réception en charges publiques
et honorables dès l'an 80 et 85, ne m'exemptaient
trop manifestement de leur imposture, ils me
feindraient volontiers envoyé de là même pour
plaider contre eux. Mais, qui est-ce qui, parlant
contre les Jésuites, sera bon catholique, puisqu'ils
ont fait déclarer la Sorbonne hérétique par l'inquisition d'Espagne? Nous apprenons cela d'eux-
mêmes, qui se vantent que, voyant ce décret de
Sorbonne contre eux, ils eurent recours à l'inquisition de Castille, pour faire condamner

la Sorbonne de Paris, et son décret. Voyez, Messieurs, qui échapperait des mains de cette inquisition inhumaine, barbaresque, espagnole, piége tendu à tout ce qui s'oppose à la grandeur de Castille, boutique sanglante de toutes cruautés, échafaud de toutes les hideurs et horreurs tragiques qui se peuvent excogiter au monde : qui échapperait, dis-je, des mains de cette inquisition, puisque la Sorbonne de Paris y est condamnée? La voici dans leur vie d'Ignace, page 403. « Porro in Hispania quod sorbonnense decretum contra sacrosanctam sedis apostolicæ esset autoritatem, a qua religio nostra probata et confirmata est, fidei quæsitores illud tanquam falsum, et quod pias aures offenderet, suo decreto legi prohibuerunt. » Il ne faut pas s'ébahir si l'inquisition a tant de soin des Jésuites ; car ces deux institutions n'ont autre but que d'établir sur l'Europe la tyrannie de Castille.

Et nous demeurons encore froids à exterminer ceux qui se pourvoient en Espagne contre ce qu'on fait en France ; ceux qui donnent tous les avis à notre ennemi, qui brassent toutes les trahisons, corrompent les esprits de notre jeunesse, et n'ont d'autre désir au monde que de faire massacrer le Roi ! Que veut-on attendre davantage? Opportuni magnis conatibus transitus rerum, nec cunctatione opus est. Chacun est

justement irrité contre eux. La plaie des maux
qu'ils ont faits est encore toute récente. Ou cette
audience délivrera la France de ces nouveaux
monstres engendrés pour la démembrer, ou bien
si leurs ruses, si leurs artifices, si leurs bruits se-
més , les maintiennent, je le dis haut, (ils ont
trouvé moyen de faire fermer les portes, mais
ma voix pénétrera en tous les quatre coins du
royaume , et je la consacrerai encore à la
postérité, laquelle, sans crainte et sans passions,
jugera qui auront été les meilleurs Français et
les plus désireux de lui laisser une liberté semblable à celle que nous avons reçue de nos pères),
je le dis donc haut, et quantum potero voce con-
tendam , ils nous feront encore plus de mal
qu'ils ne firent jamais ; et je ne sais si nos forces
seront entières , je ne sais si on voudra risquer
encore un coup les biens et la vie.  .

« Pectore concipio nil nisi triste meo. »

Les affaires du monde se passent et se coulent
en un moment. Les paresseux mariniers demeu-
rent au port pendant le beau temps : vincat sen-
tentia quæ diem non profert. A quoi faire aussi
ces dilations? pour leur donner le loisir de parvenir à leur but plein des larmes , voire du sang
de tous les gens de bien : tigres leonesque nun-
quam feritatem exuunt: aliquando submittunt ;
et cum minime expectaveris, exasperatur torvi-

tas mitigata. Ita mihi salva republica vobiscum frui liceat, ut ego quod in hac causa vehementior sum, non atrocitate animi moveor, sed singulari quadam humanitate et pietate. Je me représente toujours ce meurtrier de Melun (1) devant les yeux, et tant que les Jésuites, confesseurs et exhortateurs de tels assassins, seront en France, mon esprit n'aura jamais de repos. Quand ils seront chassés, alors, je serai assuré, alors, je verrai tous les desseins malheureux d'Espagne rompus en France, toutes les confréries du nom de Jésus, du cordon de la vierge, de la Cappe, du Chapelet, du Petit-Collet, et infinies autres, seront éteintes. Et alors, les traîtres qui voudront machiner contre l'État ne sauront à qui s'adresser ; car, d'aller chez un ambassadeur d'Espagne, il n'y en a point entre nous ; d'aller chez un homme suspect, cela sera bientôt découvert ; et puis, les papiers des particuliers tombent par leur mort entre les mains de la justice. Mais cette société ne meurt point ; et ainsi, sous le prétexte de dévotion, l'assemblée du conseil est toujours couverte. Bref, de cent hommes qui se fieront en eux, il ne s'en trouvera pas deux qui se découvrent à un autre.

Nesciet hoc quisquam, nisi tu, quæ sola meorum conscia votorum es.

(1) Pierre Barrière, natif d'Orléans, mais exécuté à Melun.

Sicut igitur in corporibus ægris nihil quod nociturum est medici relinquunt : sic nos quidquid obstat libertati recidamus. Et ne ressemblons pas aux personnes malades de colère, qui ne veulent point prendre médecine pour se guérir tout-à-fait, ainsi ôtent seulement une partie de ce qui dégoûte de l'humeur colérique, et enfin paient les usures avec grièves douleurs et angoisseuses tranchées ; tout ainsi qu'il y a des odeurs qui font revenir sur l'heure ceux qui sont tombés du haut-mal, mais ne les guérissent pas : ad exiguum momentum prosunt, nec remedia doloris sunt, sed impedimenta. Aussi bien les Jésuites ne peuvent être en façon quelconque compris en la déclaration du Roi, qui porte cette exception en propres termes : fors et excepté de l'attentat et félonie commis en la personne du feu Roi notre très-honoré sieur et frère, que Dieu absolve, et entreprise contre notre personne, ce qui ne se peut mieux rapporter à autres quelconques qu'aux Jésuites, qui ont envoyé de Lyon, et près de Paris, l'assassin pour tuer le Roi. Joint que le même édit du 4 avril 1594 ne pardonne qu'à ceux qui renonceront à toutes ligues et associations, tant dedans que dehors le royaume. Or, le principal vœu des Jésuites étant d'obéir en toutes choses à leur général espagnol et au pape, ils ne peuvent en façon quelconque renon-

cer à cette association, la plus étroite qui soit
au monde, s'ils ne renoncent à leur société. Bref,
ils ne peuvent être Jésuites, et compris en l'édit
du Roi, qui porte d'ailleurs que, dans un mois,
telles renonciations, et le serment de fidélité,
doivent être faits: ce qu'encore aujourd'hui les
Jésuites n'ont point exécuté, et n'ont pu faire ap-
paroir d'aucun acte qu'ils s'en soient mis en de-
voir. Comme aussi n'en sont-ils point capables,
d'autant qu'on ne peut être vassal lige de deux
seigneurs.

Un ancien dit fort élégamment: Quid prodest
strenuum esse in bello, si domi male vivitur? Pendant que le Roi est à cheval, pour ruiner, défaire
et chasser ses ennemis, et forcer les villes qui
s'opiniâtrent en leur rebellion : pendant qu'il
endure l'ardeur des soleils, la rigueur des hivers,
et s'expose chaque jour aux périls de la guerre,
pour notre liberté, permettrons-nous que les Jésuites, en toutes ses principales villes, suscitent
tous les jours, par leurs confessions, mille nouveaux ennemis, et qu'ils y tiennent le conseil secret de toute rebellion et de toute trahison?
Quemadmodum adversus pestilentiam nihil prodest diligens cura valetudinis, promiscue enim
omnia invadit: de même les magistrats ont beau
prendre soin, se tourmenter, aller et venir de
tous côtés, tant que la peste sera au milieu de la

ville, et de l'Université, nous perdrons nos ci-
toyens à tas.

Jamais les Jésuites n'ont vu, en France, un
temps qui leur ait été plus agréable que celui
de ces dernières guerres, qu'ils eussent volontiers appelé, comme Commode, le siècle d'or. Car
ils voyaient tous les autres colléges remplis de
leur garnison étrangère, et par elle démolis chaque jour: ils voyaient tous les écoliers avec eux,
et toute leur université réduite au seul collége
des Jésuites, comme elle est quasi encore aujour-
d'hui. On ne saurait croire quas trages edide-
rint sur les esprits de ces jeunes enfants, ne leur
parlant en tous leurs discours et en tous leurs
thèmes, *que des raisons pour lesquelles il était permis d'assassiner le Roi;* mais encore, le mal qu'ils
ont fait à Paris est peu de chose, en comparaison de celui qu'ils ont causé en toutes les autres
villes.

Quand on dit que l'intérêt de l'Université de
Paris est borné dans l'enclos de ses murailles,
c'est bien mal considérer la vérité des choses:
car, si on arrête les ruisseaux qui, joints ensemble, font les grandes rivières, il faut nécessairement qu'elles sèchent: laissez les Jésuites par
toutes les provinces, il faut que l'Université de
Paris tarisse. Et, à la vérité, la seule comparaison du haut degré de gloire, auquel vous, Mes-

sieurs, avez vu notre Université montée, sa dé-
cadence continuelle depuis que les Jésuites sont
venus en France, et se sont établis par toutes les
villes, d'où venait l'abondance des écoliers ; et l'a-
bîme de pauvreté, de misère et d'indigence, auquel elle est maintenant réduite, prête à rendre
les esprits si elle n'est par vous, Messieurs, ses
enfants, secourue en cette extrémité ; ne fait-elle
pas assez clairement connaître la justice de la
plainte, et de la demande qu'elle vous fait maintenant?

Si le jour de la conservation n'est pas moins
agréable que celui de la naissance, certainement,
le jour auquel les Jésuites seront chassés de la
France ne sera pas moins remarquable que celui de la fondation de notre Université. Et tout
ainsi que Charles-le-Grand, après avoir délivré
l'Italie des Lombards, la Germanie des Hon-
grois, passé deux fois en Espagne et dompté
souvent les Saxons, institua l'Université de Paris, qui a été l'espace de huit cents ans la plus
florissante du monde en tous arts et sciences, et
a servi de refuge aux lettres bannies d'Asie,
anéanties en Grèce, Égypte et Afrique ; de même,
Henri-le-Grand, ayant chassé les Espagnols par
la force de ses armes, exterminé les Jésuites par
votre arrêt, remettra notre Université en son
ancienne splendeur et en sa première gloire. Et

6

sera son nom et son los à jamais chanté sur nos
théâtres: ses triomphes, ses victoires, et ses
hauts exploits d'armes, seront à toujours le sujet de nos vers et de nos panégyriques. Et vous,
Messieurs, qui avez ce bonheur, cet heur rare
et souhaitable de vous trouver au jugement de
cette grande et importante cause, élevez, je vous
supplie, vos cogitations, étendez-les jusqu'au
siècle de l'avenir. Votre nom, votre mémoire,
seront à jamais engravés en lettres d'or, non-seulement en notre Université, mais au cœur de tous
les gens de bien et de tous les vrais Français.

> « Aurea Clio,
> « Tu nihil magnum sinis interire :
> « Nil mori clarum pateris, reservans
> « Posteris prisci monumenta secli
> « Condita libris.
> « Tu senescentes titulos laborum,
> « Flore durantis reparas juventæ,
> « Militat virtus tibi : te notante,
> « Crimina pallent. »

« Hanc igitur occasionem oblatam tenete, et
« amplissimi orbis terræ consilii principes vos
« esse recordamini. » Ne doutez point que votre
arrêt ne soit partout promptement exécuté. La
renommée n'en sera pas sitôt volée aux autres
villes, qu'on chassera sur l'heure tous ces espions espagnols.

Ceux qui disent que le parlement ne les peut

faire sortir que hors de son ressort, ne savent pas quel est ce ressort en telles matières. Il n'a point d'autres bornes que celles de la pointe de l'épée victorieuse du Roi, qui fera exécuter vos sénatus-consultes jusqu'au milieu du Piémont, où sa bonne fortune a déjà planté les fleurs de lis si avant, que tous les canons d'Espagne ne les sauraient ébranler.

Le Roi désire le bien. Peut-on croire qu'il aime ceux qui attentent chaque jour sur sa vie, et qui ont causé toutes les misères qu'endure son pauvre peuple ? Quand vous aurez donné votre arrêt, il faudra cent mille hommes pour en retarder l'exécution. Sa Majesté veut que vous participiez en quelque chose à ses triomphes.

« Véterumque exempla secutus,
« Digerit imperii sub judice facta senatu. »

Il a chassé de Paris la garnison espagnole armée et ouverte : chassez, Messieurs, la couverte et secrète ; chassez celle qui a fait entrer l'autre, qui l'a fait demeurer si long-temps et qui l'allait faire redoubler, s'ils eussent encore eu un passage sur l'Oise, lorsqu'ils vinrent jusqu'à Beauvais. «Venit tempus, serius omnino quam dignum « nomine francisco fuit, sed tamen ita maturum, « ut differri jam hora non possit. » Considérez, s'il vous plaît, Messieurs, où vous en êtes venus. Vous avez déclaré le duc de Mayenne criminel de

lèze-majesté; et le tyran d'Espagne, et ceux qui
le soutiennent, joignant leurs armées aux sien-
nes, ennemis communs de la chrétienté. C'est un
beau mot : « Curate ut viri sitis, et cogitate quem
« in locum sitis progressi. » Vous leur avez arraché la ville de Paris, qu'ils pensaient avoir assu-
jétie pour jamais à leur domination. Ils n'ont re-
gret de rien tant au monde, que de ce qu'ils ne
vous ont ôté la vie à tous : « Nunc omnes uno or-
« dine habent. » Une autre fois il ne vous faudrait point de Bastille : le tombeau serait votre
Bastille; encore ne sais-je s'ils vous l'accorde-
raient. Dieu a mis aujourd'hui en votre puissance d'achever, de rompre pour jamais toutes
leurs pratiques et toutes leurs intelligences : ils
penseront avoir perdu deux batailles, lorsqu'ils
sauront que tous leurs Jésuites seront chassés
hors de France. Ne laissez point, Messieurs, écou-
ler cette belle, cette prompte occasion, de vous
délivrer de ceux auxquels les lettres ne servent,
( non plus qu'à Caracalla) que d'instruments propres à mal faire. Chassez ces gens ici, qui n'ont
point de pareils en toutes sortes de méchancetés;
tam acres, tam paratos, tam audaces, tam calli-
dos, tam in scelere viligantes, tam in perditis re-
bus diligentes : contre lesquels, quand vous vous
leverez, Messieurs, pour opiner, souvenez-vous,
je vous supplie, combien sera douce la peine de

l'exil, à ceux qui ont tant de richesses en Espagne, en Italie, et aux Indes : au lieu qu'en l'an 1550, ils n'avaient qu'une petite pension, qui leur était envoyée d'Espagne, ainsi qu'eux-mêmes le témoignent. Souvenez-vous aussi, s'il vous plaît, de la perte de vos parents, de vos amis, et de vos biens, de la désolation de tant de pays, de la mort de tant de grands capitaines, de tant de généreuse noblesse, de tant de braves soldats, emportés par la fureur de nos guerres, qu'ils ont toujours échauffées, comme ils font encore aujourd'hui. Et ne doutez nullement, que, purgeant la France de ce poison, il ne lui advienne comme aux corps qui se remettent en meilleur état par longues et grièves maladies, qui leur donnent une santé plus entière et plus nette que celle qu'elles leur avaient ôtée. Et, quand leur avocat vous viendra louer la magnanimité et la clémence du Roi, souvenez-vous, Messieurs, que c'est de ce Roi, duquel ils ont le sang chaque jour en leurs vœux, la mort en leurs prières, l'assassinat en leurs détestables et exécrables conseils. Souvenez-vous que c'est ce Roi, auquel ils ont aidé, dès leur fondateur Ignace, d'arracher partie de la couronne de Navarre ; et n'ont autre travail aujourd'hui, que de s'efforcer à lui ôter celle de France, qu'ils désirent assujétir et unir à l'Espagne, comme ils ont fait du Portugal.

6*

SIRE ,

C'est trop patienté, c'est trop enduré ces traîtres, ces assassins, au milieu de votre royaume. Pour votre regard, votre gloire a donné jusqu'aux empires de la terre les plus éloignés : on ne parle plus que de vos victoires et de vos conquêtes; et le surnom de GRAND vous est acquis pour jamais, et consacré à l'immortalité. Vos faits d'armes admirables vous ont rempli les mains de palmes; foulant, sous le pied de votre autorité, la témérité, la déloyauté, et les dépouilles de tous vos ennemis. Mais, SIRE, vous n'êtes pas au monde pour vous seul; considérez, s'il vous plaît, combien la gloire de votre nom serait affaiblie, si on lisait dans les histoires, que, faute d'avoir étouffé ces serpents, au moins de les avoir chassés hors de votre royaume, ils vous eussent enfin perdu, et après vous, tous vos pauvres sujets. SIRE, vous avez affaire à un ennemi patient et opiniâtre, qui ne quittera jamais qu'avec la vie ses espérances et ses desseins sur votre état. Tous les autres artifices ont failli, et se sont trouvés faibles : il ne lui reste plus que son dernier remède, qui est de vous faire assassiner par ses Jésuites, puisqu'il ne peut autrement arrêter le cours de votre bonne fortune. Il patientera, il dissimulera, mais il visera toujours à son but; et, tant que les colonies

de Jésuites seront en France, où ses avis et ses
paquets se reçoivent, où ses meurtriers sont ex-
hortés, confessés, communiés, encouragés, rien
ne lui sera impossible; si votre générosité, SIRE, ne
vous permet de craindre pour votre personne,
au moins appréhendez pour vos serviteurs. Ils ont
abandonné femmes, enfants, biens, maisons,
commodité, pour suivre votre fortune; les autres,
demeurés dans les grandes villes, se sont exposés
à la bourrelerie des Seize, pour vous ouvrir les
portes; et, maintenant, SIRE, n'aurez-vous point
pitié de votre vie, pour conserver la leur, qui y
est inséparablement attachée? n'aurez-vous point
pitié de tant de femmes, de tant de pauvres enfants, qui demeureraient à jamais esclaves de l'insolence et de la cruauté espagnole? SIRE, il reste
assez d'ennemis découverts à combattre en France,
en Flandre, et en Espagne; défendez vos côtes
de ces assassins domestiques. Pourvu que vous
les éloigniez nous ne craignons point tout le reste.
L'Espagnol ne peut parvenir à notre servitude,
qu'au travers de votre sang : les Jésuites, ses créa-
tures, n'auront jamais repos en France, qu'ils ne
l'aient répandu; jusqu'ici, le soin de vos fidèles
serviteurs a empêché leurs parricides; mais, SIRE,
si on les laisse parmi nous, ils pourront toujours *vous envoyer des meurtriers, qu'ils commu-
nieront comme Barrière*, et nous, SIRE, ne pourrons

pas toujours veiller. Il est impossible, que ceux qui tentent si souvent une même chose ne rencontrent à la fin. Leur esprit tout ensanglanté de la mort du feu roi, l'assassinat duquel fut projeté et résolu dans leur collége, et l'attentat tout manifeste sur votre vie, ne se donne repos, ni jour, ni nuit, ainsi va toujours rêvant, toujours tournant, toujours travaillant, pour parvenir à ce dernier point, qui est le comble de tous les souhaits et de tous les désirs des Jésuites. Les considérations, SIRE, que ceux qui n'appréhendent nullement votre mort vous représentent au contraire, sont autant de trahisons toutes claires, et toutes manifestes. Lorsque vous aurez assuré votre vie, lorsque vous aurez assuré l'état de tant de grandes et puissantes villes, en exterminant le conseil public que vos ennemis y ont encore par le moyen des Jésuites, alors, on vous redoutera de-là les monts : et lors, SIRE, on vous portera l'honneur et le respect qui est dû au premier roi dé l'Europe; au roi qui a sur sa tête la couronne de gloire et la liberté ; au plus grand roi de tous les peuples baptisés. Mais, tant qu'on aura espérance de vous perdre, avec tous les vrais Français, par les menées, les artifices, et les confessions des Jésuites, on vous fera les indignités que jamais roi de France n'a encore endurées ; vous êtes, SIRE, le fils aîné de la plus noble, plus auguste, et plus ancienne maison, qui soit sur la face de la terre : tout le cours de vos ans ne sont que triomphes, que lauriers, que victoires que vous avez remportées de tous ceux qui ont eu l'audace de vous attendre. Toutes les prophéties vous appellent à la seigneurie du monde : et, maintenant, qui sont ces bâtards de la France, qui veulent mettre en l'esprit des craintes d'offenser l'étranger, afin que vous reteniez ces meurtriers, qui ont entreprise continuelle sur votre vie ? Les rois de France, SIRE, ont accoutumé de donner la loi, et non de la prendre. Le grand Dieu des batailles, qui vous a conduit par la main jusqu'au lieu où vous êtes, vous réserve à des choses encore infinies fois plus grandes ; mais, SIRE, ne méprisez point les avertissements qu'ils vous donnent, et chassez, avec ces assassins Jésuites, tous ceux, qui, bâtissant leur fortune sur votre tombeau, entreprendront de les retenir en votre royaume.

Je conclus à ce qu'il plaise à la Cour, en entérinant la requête de l'Université, ordonner que tous les Jésuites de France videront et sortiront le royaume, terres et pays, de l'obéissance de Sa Majesté, dans quinze jours après la signification qui sera faite en chacun de leurs colléges ou maisons, en parlant à l'un d'eux pour tous les autres. Alias et à faute de ce faire, et où aucun d'eux serait trouvé en France après ledit temps, que sur-le-champ, et sans forme ni figure de procès, il sera condamné comme criminel de lèze-majesté au premier chef, et ayant entrepris sur la vie du Roi ; et demande dépens.

REQUÊTE DE L'UNIVERSITÉ DE PARIS, QUI DEMANDE QUE LES JÉSUITES SOIENT DU TOUT CHASSÉS, DU 18 AVRIL 1594.

A NOS SEIGNEURS DE LA COUR DU PARLEMENT.

Supplient humblement les recteurs, doyens des facultés, procureurs des nations, suppôts et écoliers de l'Université de Paris; disant que dès long-temps ils se sont plaints à la cour du grand désordre advenu en ladite Université par certaine nouvelle secte, qui a pris son origine, tant en Espagne qu'aux environs, prenant la qualité ambitieuse de la société du nom de Jésus, laquelle de tous temps, et nommément depuis ces derniers troubles, s'est totalement rendue partiale et factrice de la faction espagnole, à la désolation de l'État, tant en cette ville de Paris, que partout le royaume de France et dehors : choses dès son avénement prévues par lesdits suppliants, et signamment par le décret de la faculté de théologie qui fut lors interposé, portant que cette nouvelle secte était introduite pour enfreindre tout ordre, tant politique que hiérarchique de l'église, et nommément de ladite Université, refu-

sant d'obéir au recteur, et encore aux archevêques, curés et autres supérieurs de l'église.
Or, est-il, qu'il y a trente ans passés que les suppôts de ladite prétendue société de Jésus, n'ayant
encore épandu leur venin par toutes les autres
villes de la France; ainsi seulement dans cette
ville, présentèrent leur requête aux fins d'être
incorporés en ladite Université : laquelle cause,
ayant été plaidée, fut appointée au conseil, et
ordonné que les choses demeureraient en état;
qui était à dire, que les Jésuites ne pourraient
rien entreprendre au préjudice dudit arrêt. A
quoi toutefois ils n'ont satisfait ; ainsi, qui plus
est, mêlant avec leurs pernicieux desseins les affaires d'État, n'ont servi que de ministres et espions en cette France, pour avantager les affaires
de l'Espagnol, comme il est notoire à un chacun.
Laquelle instance, appointée au conseil, n'a point
été poursuivie, ni même les plaidoyers levés de
part et d'autre, étant par ce moyen péris. Ce
considéré, Nosdits Seigneurs, il vous plaise ordonner que cette secte sera exterminée, non-
seulement de ladite Université, mais aussi de
tout le royaume de France, requérant à cet effet
l'adjonction de monsieur le procureur général
du Roi : et vous ferez bien.

Ainsi signé, LE ROYER, et à côté, D'AMBOISE,
Academiæ Rector, et scellé de cire rouge.

FIN

www.ingramcontent.com/pod-product-compliance
Lightning Source LLC
Chambersburg PA
CBHW050612210326
41521CB00008B/1224